仓央嘉措传

阿旺伦智达杰 著

贾拉森 校注

华锐·罗桑嘉措 译

内蒙古出版集团
内蒙古人民出版社

图书在版编目（ＣＩＰ）数据

仓央嘉措传 / 贾拉森校注；阿旺伦智达杰,华锐·罗桑嘉措著、译.
-- 呼和浩特：内蒙古人民出版社,2014.12

ISBN 978-7-204-13339-0

Ⅰ.①仓… Ⅱ.①贾… ②阿… ③华…Ⅲ.①仓央嘉措
（1683～1706）- 传记 Ⅳ.①B949.92

中国版本图书馆 CIP 数据核字(2015)第 035120 号

仓央嘉措传

作　　者	贾拉森　校注　阿旺伦智达杰　著　华锐·罗桑嘉措　译
责任编辑	王世喜
装帧设计	朔羽文化
出版发行	内蒙古出版集团　内蒙古人民出版社
地　　址	呼和浩特市新城区中山东路 8 号波士名人国际 B 座
印　　刷	呼和浩特市铭泰精工印务有限公司
开　　本	850×1168　1/32
印　　张	6.75
字　　数	180 千
版　　次	2015 年 2 月第一版
印　　次	2015 年 2 月第 1 次印刷
印　　数	1－7000 册
标准书号	ISBN978-7-204-13339-0/K·677
定　　价	32.00 元

如出现印装质量问题,请与我社联系。

联系电话:（0471）3946230　3946120

网址:http://www.nmgrmcbs.com

仓央嘉措像

仓央嘉措传

作者　阿旺伦智达杰

仓央嘉措留在石门寺的自画像

仓央嘉措

藏王第思桑杰嘉措

位于广宗寺的仓央嘉措舍利塔

位于广宗寺的仓央嘉措荼毗塔

广宗寺仓央嘉措灵塔

仓央嘉措传

广宗寺寺主
阿旺罗桑丹比坚参（贾拉森）

7

再现辉煌的广宗寺

作者阿旺伦智达杰出生地上立塔

甘肃省天祝藏族自治县石门寺

目　　录

前　　言

　　六世达赖喇嘛仓央嘉措年轻时期,正处于西藏的多事之秋。当时,五世达赖喇嘛的心传弟子第思·桑杰嘉措正忙于扩建布达拉宫和五世达赖喇嘛阿旺罗桑嘉措的灵塔。因为五世达赖有遗嘱秘不发丧12年,所以第思·桑杰嘉措按遗嘱严加保密,守口如瓶。又因第思权高势重,结果隐瞒了15年之久。当真相败露后他亲自认定了西藏门域的仓央嘉措为六世达赖喇嘛。于公元1697年农历十月二十五日迎请到布达拉宫的什西彭措大殿举行了坐床仪式。这在多部史书中都有详细的记载。

　　1705年,蒙古和硕特部的固始汗的曾孙拉藏汗唯利是图,与藏王第思·桑杰嘉措展开了激烈斗争,结果第思被杀,拉藏汗堂而皇之地登上了藏王的宝座①,拉藏汗废黜仓央嘉措,另立自己的儿子依稀嘉措为六世达赖,藏人不承认这位依稀嘉措是达赖,随之局势更加动荡不安。

①　1717年被准噶尔才旺热旦派遣六千多骑兵进入西藏后杀死了拉藏汗。

1

拉藏汗废黜六世达赖后,于1706年仓央嘉措被送往京师,次年行至青海湖畔时,他只身遁去,押送钦差向清帝谎报仓央嘉措在途中生病猝逝。一场公案,从此结束。此后六世达赖喇嘛仓央嘉措化名为阿旺曲札嘉措,巡礼甘肃、青海、四川、西藏、尼泊尔、印度、蒙古、北京等地。期间六世达赖喇嘛在甘肃省天祝藏族自治县境内创建了嘉荣新寺(汉译称石门寺),并亲自担任法台25年之久。此外还兼任天祝县的东大寺①等甘青两省华锐藏区13座寺院的堪布。应东大寺的寺主鲁家堪布之邀,建立了传召大法会。仓央嘉措大师隐姓埋名辗转诸地朝圣,再度从西藏驾临安多后首先到广惠寺②,之后径直去了内蒙古阿拉善,并在那里确认了第思·桑杰嘉措的化身,又在阿拉善选定南寺寺址,建立神变祈愿大法会等,为安多和蒙古诸地弘扬佛法付出了毕生的精力。对于边荒北土力弘释迦如来正法和宗喀巴大师的自宗清净黄冠教法而呕心沥血,的确功不可没! 仓央嘉措大师最后在内蒙古阿拉善左旗圆寂,享年64岁。

我为什么要翻译这本传记呢? 一是为了报答六世达赖喇嘛罗桑仁钦仓央嘉措大师亲自营建石门寺的恩德;二是为了提高石门寺在汉地的知名度,因为它不是一个普通的喇嘛创建的;三是为了澄清事实,将此传记尽量原原本本地翻译过来和盘托出,公布于世,对仓央嘉措大师的生卒年以

---

① 该寺原来由甘肃省永登县所管,后归天祝县所辖。

② 青海大通县境内的一座寺院。

及生平事迹持有成见和怀疑的人,提供一个可靠的证据。

关于六世达赖喇嘛仓央嘉措的出生年没有什么争议,但对他的卒年有两种说法。一种就是在押往北京的途中病逝,在青海湖附近(更嘎瑙),那时他才25岁。另一种说法也就是本文①中所述的64岁圆寂,对这个问题很早就引起了国内外藏学界的关注,尤其是在二十世纪八九十年代,世俗上的学者们争论不休,最终还是未能取得一致的看法。我们经常不是在说,以科学的态度认真去研究、对待问题嘛! 那么,按照这部铁证如山的本生传记详细地说明了他一生的事迹和诞生、圆寂之年月日,我们还有什么理由怀疑仓央嘉措大师的示寂之年呢? 所以,绝不能凭空妄断此事。基本上跟仓央嘉措大师同时的佛学大师、史学家松巴班智达益西华觉②曾说:"从了义上说,六世达赖喇嘛高寿而圆寂……"区分了义和不了义之说。了义是指真实的情况,也就是指仓央嘉措大师年余花甲,64岁时寿终正寝。

有些人说,章嘉仁波切(1717～1786年)没有承认这种说法,其实章嘉国师不但承认了六世达赖仓央嘉措活了64岁,而且为仓央嘉措选定的南寺还亲自制定了《三学尊胜日光》的僧规章程,该僧纪章程目前仍存于南寺。并在1753年收《仓央嘉措传》的作者第思呼图克图阿旺伦智达杰为主要的弟子。1765年阿旺伦智达杰到河北承德在章

---

① 即《六世达赖喇嘛仓央嘉措传》。
② 是青海省互助县佑宁寺的活佛,1704～1788年。

嘉国师前闻法。1769年夏季,章嘉国师到五台山时,三世土管仁波切、二世嘉木样大师、阿拉善的托音诺门汗阿旺伦智达杰(即第思呼图克图)广做佛事活动,这在《三世章嘉国师若伟多杰传》中有所记载。所以章嘉国师绝对承认了这位流浪的六世达赖喇嘛仓央嘉措,否则他不会收一位假达赖喇嘛认定的弟子为自己的主要弟子,更不会为他的寺院亲自制定僧规章程!

十三世达赖喇嘛的经师,大格西华锐·罗桑饶萨大师①也在自己的作品之末说:"位篇文章写于第六世达赖喇嘛仓央嘉措大师亲自加持过的圣地石门寺。"

一代尊师,大格西希热嘉措大师(1884～1968年)在自己的文集中提到:"雪山顶峰的白狮,被定量大丈夫六世达赖喇嘛仓央嘉措所看见。"这一句表明了仓央嘉措大师1711年在奥代岗加雪山上看到雪狮的情景。以上诸语都是出自藏传佛教史上的权威学者的笔下,所说的这一切话语,不是随便说出的,是绝对有道理的。

这部传记中②,记述事件既概括又十分完整。文中所述的寺院、地点、年代、人物、事件等非常清楚。大都有据可查。譬如嘉荣寺,这是六世达赖喇嘛亲自修建的一座寺院,刚建成后③就有了五百多僧人,后来鼎盛时期发展到一

---

① 甘肃省天祝县嘉荣寺僧人,也是全藏名僧或高僧,840～1912年。

② 嘉荣寺中藏有该传记的草体抄录本,约抄写于清朝时期。

③ 一共修了16年。

千多僧人，难怪在该传记中称石门寺为"切代钦宝"（即大寺院）。有关六世达赖喇嘛创建石门寺的事，在天祝藏区家喻户晓，妇孺皆知。

六世达赖喇嘛仓央嘉措大师的后半生主要活动和驻锡的地方有两处，其一就是华锐藏区的石门寺，另一处是内蒙古阿拉善左旗。

《仓央嘉措传》中提到的活佛们，大都仍然在转世。①如本文中的五世班禅现转为第十一世、却藏仁波切为第十五世、夏鲁瓦在新疆、土官仁波切为第八世，现在在拉卜楞寺求学、鲁家堪布为第九世，在拉卜楞寺深造、以及本书的作者第思呼图克图阿旺伦智达杰转为第六世，即贾拉森仁波切，原为全国政协委员、内蒙古大学教授、博士研究生导师等等。所以这部传记值得信赖、可靠。也对研究当时西藏的政治、历史、佛教方面，提供了一份有价值的资料。

仓央嘉措大师也是一位才华横溢的诗人、学者。对佛教人士与世俗研究人员来说，脍炙人口的《仓央嘉措道歌》也是一个长期引起争论的问题。不具有信仰佛教的研究者说它是情歌，站在佛教立场的人们则否定是仓央嘉措的作品。即便是六世达赖之作，也无任何妨碍。其实这些诗歌可以用三种方式来解释。第一种按字面意义可以以情歌解释；第二种以一般的内容，也就是用当时西藏政治的背景来解释；第三种就是以深层次的了义密宗内涵来阐

---

① 俗称转世，其实每个众生都是转世来的。

释。这就是佛教中所说的根性不同而显示。譬如水而言，天人视为甘露、人类为水、饿鬼为脓血，所以把道歌（藏文为道歌）说成情歌也并不觉得奇怪，自然顺理成章。刍荛之议，望学人参考。

仓央嘉措大师的著作有《妙因寺志》（1988 年由甘肃民族出版社出版）《祈祷猛威怙主》《马头金刚赞》《阿拉善神祭供》等。

六世达赖喇嘛 1746 年圆寂于内蒙古阿拉善左旗。按他生前的嘱咐，由本书的作者第思·桑杰嘉措的转世阿旺伦智达杰寻找了六世达赖喇嘛的转世灵童。所以仓央嘉措大师自然而然地成为第一世大宝活佛[①]。阿拉善南寺僧人及当地信众称之为葛根，天祝石门寺的僧人叫作大宝活佛，[②]。第二世大宝呼图克图罗桑图丹嘉措，撰写了《六世达赖喇嘛生平祈祷颂》，已录于本书之末。大宝活佛共转六世，最后一世生于 1901 年，1958 年在内蒙古锡林郭勒盟镶黄旗圆寂。他是内蒙古阿拉善最大的一位活佛。

很遗憾的是，这本书曾有人选译（摘译）过，未能译出全文。我在这次翻译的过程中，据我熟悉的先用的地名、寺名、人名等就按约定俗成译出。此外，为了读者的方便，对佛、菩萨、日、月、时间等原文中使用的辞藻（异名），此次采取了意译。如：手持白莲译为观世音；四面公主译为妙音佛母；甘庶族之教译为释迦佛之

---

① 因驻锡于大宝札仓而得名。

② 大宝呼图克图和嘉赛活佛。

教;乐源顶饰之轮译为月轮①等等。为了不拘泥于原著的词句和生硬的直译,许多地方都是以意译译出的,所以读起来就不觉得拗口、味同嚼蜡和枯燥乏味。

此外,在礼赞誓言、文中穿插的诗文和结束语中的偈颂等句子中较为陌生的词语本应解释才对,但为了顾及版面的整齐与美观,故未在括号内做解说,基本上跟原文(藏文)的字数相等译出。

天祝石门寺主持

华锐·罗桑嘉措

于 2004 年春

---

① 或译为月亮。

一切知语自在法称海

贤德本生传记殊胜

圣行妙音天界琵琶音

礼赞及著述誓言

殊胜发心山峰之上二资地域辽阔宫殿
具有大悲最极殊胜荫凉者，
虽在深寂界中常寝为利有情复现降生
之相具三法王其之身相中，
正等正觉佛陀一切种智之光殿宇格外
严宏伟楼阁重叠宫之王，
明亮而至由彼之恩惠赐善德观音尊者
罗桑仁钦切札嘉措常供养。

无缘法身界中常游戏，　　无量刹中无数之色身，
种种变化示现歌舞者，　　大慈观音菩萨常摄护！

一切诸佛慈智力宝藏，　　集为一身事业浪涛鬘，
始终不忘为众所倾注，　　根本传承恩师顶上严。

具五智色霓虹环中央，　　皓月相好似饰清明身，

极妙琉璃珍宝之琵琶，　　妙音佛母赐我光明慧！

圣者所化道场雪域地，　　净与不净诸众现象中，
应极观音大士之幻身，　　如欲所现其身谁获得？
尤其尊者三密虚空中，　　示现众多传记无垢月，
种种池中所现无数影，　　倘若圣者难以测度时，
孤见迷惑黑暗中漂泊，　　乃以凡夫之识言思述，
虽然无此机缘却尤其，　　尊者由于一时隐讳故，
立传因缘未熟故难述，　　虽已拖延然彼之本身，
诸多具足净信之智者，　　稀奇事业希撰为文字，
谆谆言教之鼙曾多次，　　赐予首顶故此一传略，
此处要书公正具慧众，　　原对圣人奇迹生信仰！

远离违品恶行污垢过失导师及其佛子欢喜语，
献此稀有有益所愿之词诸多智者耳中朗朗响，
犹如幻术一样传记变幻丝毫不为自利而追求，
勇猛慈悲行持他利妙音天界琵琶之中而奏鸣。

如《妙法白莲经》中说："善男子！在某些地方菩萨摩诃萨观世音自在以佛身为有情说法，有此等诸世界；在某些地方菩萨摩诃萨观世音以菩萨之身给有情说法，亦有如此之诸世界；对个别有情以独觉身说法；对有些有情以声闻身说法；对少数以梵天身说法；对有些以帝释天身说法；对有些以乾达婆身说法；对有些以夜叉身说法；对有些以大自在天身说法；以转轮王身度化的诸有情现为转轮王身

度之。"

如同文中所说,随摄所化众生之界、意、随眠、时间、机缘的差别相适应示现不同的事业①此等无尽庄严轮,除了只有正等正觉佛知其外,若其他的一切圣者亦不知其境的话,更何况一般凡夫怎能断定说"此即此也"?!

《华严经》第三十一品中说:

"十地佛陀授权如王获自在,
功德珍宝清净如是依次彼,
各方一切刹土均能细数得,
通过一识能知一切众生心,
虚空诸界用声可以做衡量,
佛的功德无数却中难言说。"

获得十地授权后,虽仅有正等正觉佛陀之名,其实已经具备胜王或佛陀之义,此理在《大般若经十万颂》第六十五卷十一品中说:"名曰菩萨摩诃萨住十地如来者是何者,即已经圆满菩萨摩诃萨之地一切波罗蜜多,具足如来的十力、四无畏、四无碍解、十八不共佛法、一切种智之智慧,以及断尽习气相续之一切烦恼、并圆满大悲与佛的一切法。须菩提!如是菩萨摩诃萨住十地者,即名如来。又说,须菩提!

---

① 不同身相。

菩萨摩诃萨在行十地之际、清净超越见白净见之地、清净超越种姓之地、清净超越八地、清净超越见地、清净超越薄地、清净超越离欲地、清净超越作护地、清净超越已办地①、清净超越独觉地(属小乘)清净超越菩萨地,须菩提! 此即菩萨摩诃萨究竟超越九地后,住于佛地……"《现观庄严论》的第一章中说:

> "越过九地之智慧,
> 是为住于佛地中,
> 此即菩提萨埵地,
> 应当了知是十地。"

在《华严经显示普贤行》与《智慧手印三摩地经》第二卷所述一致,曾说:"如是具足大功德之菩萨,即名佛陀、名导师、名大师、名一切种智、名胜王。"

此等十地诸菩萨及诸佛的传记,极其远离了平庸凡夫的心境②,特别是为了摄受我等众生,圣世自在(观世音)示现游戏为人身者,难呼其名,顺应与避讳之时,名叫普美多杰协夏更琼,或称复取之名阿旺切札嘉措华桑宝,真实的名字叫作罗桑仁钦仓央嘉措,以了义而言,(尊者)在无

---

① 以上诸地亦叫小乘八地,或作干慧地或见净地、种地或性地、八地或八人地、见地、柔软地或薄地、离欲地、已办地或已辨地等。

② 即一般普通人难以得知之义。

量大劫以前,在密严佛土,虽于奥色更帕华则之王已经成佛,然示现为无量光佛的首要弟子——手持莲花(观音菩萨)之相等,在净与不净无量刹土中化现无数身相,以何身得度者现为何身的方式显示着无量事业,(这些事业)像我愚痴者进入蒙昧的小屋之人,远离了讲解、思维、研究之境。

圣者至尊上师对自己的功德从来内藏不露,甚至对诞生之地、氏族等情况亦严于保密。即便对(尊者的)所做的事情,常随近前的侍者们亦难揣度彼是此非,心里深沉而不轻于外露。每当不知底细的人问:"上师的诞生地在何处? 属何族裔? 高寿几何?"等等时,答复道:"我自小时候就浪迹天涯,因年深日久,父母乡土等已忘记。"若问尊姓大名时亦答复"我无姓名"。又,有时个别人似知内情那样提问时,(尊者)大为不快,呵斥说:"自己尚且不知自己(是谁),你怎么知道(我是谁)?!"

来到此地驻锡较长的一段时间之时,前藏中称作阿然巴①的一人来至该地,从前对他(尊者)熟悉,说了"此上师即某某圣者"后,(尊者)随即道:"让遍入天教训你!"话一说完,那僧人立刻中风,后来依然如旧。

有些人传说,"嘉赛仁波切有两位化身,这位是其中之一";有个别人说,"五世达赖喇嘛有很多转世化身,或许他就是其中的一位,"云云。(尊者)反复劝阻说,"绝勿如此

---

①　取得密宗学位的一种称呼。

乱说,对他们诞生的地方和目前的处所,切莫随便妄评!"

对那些来自前后藏知尊者内情的僧人,以及安多(多麦)等地的年事已高的僧人,从前对尊者拜见过者,尊者总是谆谆嘱咐:"暂时不要告诉别人,要严加保密!"对护法神亦加以嘱托,因有如此特殊密意,对于先前的事迹是如何等,这一段的传记无论谁都未敢提问。尊者自己亦曾说:"切勿把此是彼非之名加于我身,如果非常显露的话,就会像水中的鱼一样。若以上师本尊体性无别做祈祷时,必定会得到该本尊的加持,这是他的客观规律,所以你们应当思维:这是圣观音加持的一位上师,而做如是祈祷,便是莫大的荣幸。"

另外,对于个别真心诚意者和心腹侍从,也讲述些他秘密游历康区、前后藏、印度、尼泊尔等诸多圣地的情况,并谈了在这些地方中修持、苦行、啼笑皆非等的许多奇遇趣闻。对此,也再三谆谆告诫,"切莫向他人讲述!"除此等人外,对于一般人从不谈起。

到后来,年事已高之际,赛科寺①的上师、大成就者夏鲁瓦·罗桑华丹与唐让上师贡瓦夏仲等许多人郑重请求道:"对那些暂时必须保密的,确实有特殊的需要之处。但是其余公开之类的事迹,无论如何亦要写成一本传记!"由于经过再三祈请,将一些奇妙之事,大略地写了下来。

到后来,(尊者)圆寂之后,对圣者具足不共信仰的许多弟

---

① 即今青海省大同县的广惠寺,亦叫郭芒寺。

子,以及特别是大金刚持、赤仁波切①·嘉那巴大师对我说:
"你所记忆的圣者的奇异传记务必要写成文字。"并再三敦促
说:"现在可以写,无甚妨碍。"金刚持香巴仁波切也说:"我对
这位圣者颇具净心信,因此请把他的本生传记写下来,寄与
我!"

时下,个别人为了使他人对自己的上师产生信仰,子
虚乌有地吹嘘很多功德;又有些人,借着为上师立传的同
时,想方设法炫耀自己,使人生起厌烦。可我对自己的成
就也怯于真实讲述,由于业果非常微细的缘故,顾虑到对
于自己生生世世相续有害,瞎说此等无中生有,定然无益,
还会被具有慧眼者讥笑。不仅如此,也会成为时下知底细
的许多尊卑人士的耻笑。此外,圣者本人亦因时机的关
系,而一时有大的隐讳之故,因此,按诸神圣上师的吩咐,
本应提前写成的一部详实传记,因为时机未成熟,却一直
拖延到今日,这并非是圣者有何过失及瑕玷,既非有做出
与政教相违之事,亦无丝毫做出与文殊皇帝(康熙皇帝)
心意悖逆之罪,其之缘由唯独是他利而已,其理将在下文
讲述。

如此,将自己的一切功德藏而不泄,经常讲解别人的
功德是一切圣者的所为。处于浊世的多数人,却不这样去
理解,个别人反而滥用慈悲,把圣者大德的功德倒帮着掩
藏起来,这等情况亦随处可见。如一切知更登智华桑宝

---

① 金座大师。

（一世达赖喇嘛）说：

> "总之雪域这块地方，
> 承诺自己振兴佛教，
> 却把大德看做主敌，
> 见此情景甚感怆然。"

至尊更嘎拉巴之传记中说："舍弃我的妒忌，被'色哲'所带走，换名后叫作'拉嘉'"。如同文中所说，对于个别人，此圣者之功德内藏后，一时未曾泄露，虽有如此绝妙之处，但时下已到立传的时候，所以现在是讲述之际，不论他义。

如此可以述之，至尊雪列南杰云：

> "诸佛大慈大悲极成熟，
> 此五百年名为全知者，
> 如同雷声大震出七尊，
> 噶丹圣教精华出此中，
> 清楚宣说此者悦耳语，
> 我对雪域善缘诸有情，
> 自始至终讲述此善说，
> 但愿把它当作耳上饰。"

文中所说那样，诸佛的大悲心极为成熟，在这五百年中，出现如雷贯耳一样的七世转世化身之一，即第六世（仓央嘉措大师)的本生传记,若想绝对保密的话,实属可笑之处。在未来时,从至尊弥勒佛直至楼至佛的贤劫千佛都要讲述尊者的本生传记,这是无可置疑的。

目前,通达三世的智者们,在十方刹界中,为各自的眷属菩萨众,若仔细讲解菩萨摩诃萨的一切本生传记的话,讲述这位圣者比他人更殊胜、更具有大无畏、大慈大悲的大菩萨的生平传记,就更不用说了! 如是虽然三界的所有众生,将善心凝聚为一块儿,做严加保密,亦只不过是徒劳无益罢了。

为了向他人不讲述本生事迹而给护法神嘱托一事是顾虑时极尚未成熟,六外道师敦促出有坏展示神通时,世尊①再三强调"等到时机成熟",所以无论对任何一事,都要应时而行,不一定像前面所说非得如此。至于"隐讳"而言,当时由于力及宏愿之力所促使,谁都无法阻挡。因此,圣者本人示现浪迹天涯之相,如果对当时的众人大量公开,只能完成了一时的事业,和顾虑到雪域众生遭受大的困难,所以才秘密行事,除此外绝无他意。

此刻以业果为证,出于一片诚心,将神圣具德上师的本生传记,按从前尊者口授的记录,以及自己亲自见闻的经历和尊者曾言谈所提及,笔者记忆的一切,汇集一处,遂撰为文,如云:

---

① 指释迦牟尼佛。

"为了守护他人心，

舍弃一切争端事，

经常具有忍辱心。"

这也是此出必须提及之事。

该传记共分为三章：第一，奇异殊胜上师诞生于何地、出家后坐床的情况；第二，为了他人（众生）的利益而苦行、修持的情况；第三，驾临安多（蒙古）后护持圣教与利众的事业，以及最后圆寂的情况。

第一章　奇异殊胜上师诞生于何地、出家后坐床的情况

在《噶丹仁波切》即①中说："我现为具戒堪布身"等，是指遍知更登智巴②；"我是通达无明的班智达"是指喜妙音更登嘉措③；"我的化身无遍颇"是指三界众生的上师索南嘉措④；"我之教法遭毁坏众"是指大乐法王具力央丹嘉措⑤；"对我利乐之源珍宝……"是指至尊佛王阿旺罗桑嘉措⑥，而依次表明之际说：

"唉！对大鹏飞行于空中，

犹如家鸡做讥嘲，

---

① 《噶丹问道录》
② 第一世达赖喇嘛。
③ 第二世达赖喇嘛。
④ 第三世达赖喇嘛。
⑤ 第四世达赖喇嘛。
⑥ 第五世达赖喇嘛。

对我遨游于智慧界中，
心存瘢痞者做诋毁。"

这就真实显示了至尊上师第六世佛王①。柔曾·代达
朗巴的《霹雳岩之最极甚深精义》中授记：

"尤其扶持此事者，
先宝雪山西南隅，
降生无诤众生主，
此掌圣教护众生。"

文中指明了诞生的地方。在《神鬼遗教》②的第二十
四品中说：

"傲慢中生引起战乱时，
众人心生厌离贩教法，
莲师身语意之一化身，
示现有缘水界水猪年，
教主奥坚朗巴将诞生。"

文中清楚地说出了生为水猪年（1683 年），并指明了

---

① 即第六世达赖喇嘛罗桑仁钦仓央嘉措。
② 是莲花生大师的五部遗教之一。1285 年由奥坚朗巴发掘
伏藏。

父祖的名字。时间不详的旧秘籍发掘师确吉坚参的伏藏言教中说：

> "复又猪年到鼠年， 属猪之人会降生，
> 奥坚莲花大师子， 为护圣教显化身，
> 亥年子年未至时， 隐姓埋名度众生。"

值年属相为猪年而诞生，以隐秘十二年之情形广利众生之事等，文中有所表明。此预言可以按第思桑杰嘉措时的十二年做解释，但亦显示出尊者一生隐姓埋名，普度众生的情况。

尊者的诞生地是，奥坚第二佛陀①曾加持并埋有许多宝藏（伏藏），与卫域堪巴当相毗邻，能成熟十三种谷粮、生长各种花草树木香果，地名为那拉奥域森②。

诞生的时辰是，示现僧相游戏的五世大宝③圆满完成了所变化之众的事业，第六世本身的发心及宏愿已经成熟，噶丹颇章的政教事业蒸蒸日上，以锦缎产地直至豆蔻花盛开之乡，此间的芸芸众生都进入了十善之道，正是世间中远离了战争、瘟疫、灾荒等伤害的大好时日。

尊者的家族是，自光音天降世以来，其父祖和母祖的七世之间远离过失之行。父母的种姓纯洁、善巧、贤惠、聪

---

① 指莲花生大师。
② 在西藏的错那县境内，也称门域。
③ 即五世达赖喇嘛。

颖、耿直、坚毅、谦虚而知足,精于工巧和察相,弃恶扬善,明察业果的眼光宽如天空。

尊者的父亲是柔增·巴码朗巴的曾孙,即柔增·扎西丹增,得密宗正传;其夫人或妃子①是众所周知者,品德无疵,先辈仪态庄重,容颜秀美。夫人声誉极佳,未曾临盆,具有礼仪,乐于施舍,笑容可掬,聪颖谦恭,无畏博闻,善巧无诈,无瞋无妒,远离悭吝。不放荡,不懒惰,不喧嚣,忍辱有信,知耻。贪瞋痴力极小,远离妇人之过。持家有方,具有种种圆满功德。《方广大庄严经》中所说的凡是菩萨诞生之母者具备的三十二种功德,皆已具足。王族才昂拉姆生尊者于水猪年,其与前面所述之授记相符。尔时,七日(七轮太阳)同时升起等等。出现种种瑞兆,真是不可思议!尊者在自己的家乡以隐秘之相居住了十二年之多②。

当时,第思·桑杰嘉措正忙于扩修布达拉宫和大灵塔③,因此十分繁忙。因为五世佛王曾有言圆寂的年月时日等不能随便对外泄露,所以直到十五岁④,名曰"丁丑年"即火牛年(公元 1697 年),尊者才赴寺院举行了坐床仪式。五世达赖喇嘛的授记中"必须保密十二年"而虽做了如此授记,但由于第思权高势重,专横跋扈,超越了数年,这就有违于缘起,这些话是先前的大德们所说。

---

① 尊者之母亲。
② 蛰居本土将近十五年。
③ 即五世达赖的灵塔。
④ 六世达赖喇嘛。

在火牛年,刚过藏历九月十七日十五时三分的时候,在纳嘎则地,由无量光佛化身的全知班禅大师罗桑益西兼任亲教师和轨范师二者、由具戒持明师嘉样智华计时,助手切杰阿柔巴①司农多杰、达毛瓦·罗桑切扎、密咒师嘉样琼排等人的中间剃度受出家戒,敬献法号为全知罗桑仁钦仓央嘉措,以此成为得以解脱人天等众生供养的福田。

在名为"丁丑年"的火牛年(即同年1697年)藏历十月下旬,空行众如云自发而集,转妙法轮王东方宗喀巴·罗桑智华大师涅槃的大吉日,即格外殊胜的二十五日五时三十分,在遍胜于各方的普陀山布达拉宫的什西彭措殿②中央,登上了无畏狮子所擎的大宝座,成为人天等众生的神圣救星和依怙。

诗曰:

> 智慧本性远离垢尘尊母之空道,
> 希有神圣尊者之日由此所照耀,
> 一切大地光芒遍及消除黑暗矣,
> 此等声音朗朗不绝三地办喜宴。

> 尔时尊母之云中, 出现尊身之皓月,
> 慈悲怙主已来矣, 雪域众生载歌舞。

---

① 法尊五明学者。
② 有寂圆满殿。

妄念黑暗巢穴所定居，　冒充智者枭众也明依，
圣者加持雪域大地上，　请看此现僧相旭日升。

芸芸众生亲友相续不断着法衣，
现为僧相如同授记中说为七世，
第二普陀无量宫殿中央宝座上，
以见闻念对于诸众妙行利乐事。

这是一切知语自在法称海贤德本生传记殊胜圣行妙音天界琵琶音，诞生及出家后坐床的第一章节。

第二章　为了他人(众生)的利益而行苦行、修持的情况

　　智慧比较低劣的一般凡夫们,极难通达之出(指甚深妙法),诸佛菩萨不只是一次赞叹,而是再三大力赞叹,产生安了的唯一之门,犹如珍宝的无上菩提心的大宝藏,任运自如的菩萨摩诃萨,丝毫不做自利之事,而对于在生老病死的恐惧巨鳌之地所居住之众,即轮回苦海中业烦恼的浪涛冲天,失去了智慧的眼目。因此看不见取舍的情形,却被无明黑暗所笼罩,失足于罪恶不善的漩涡的老母众生,菩萨当看到这一切弱体众生后,专门为他们产生了极有力的慈悲之心,不由自主地被慈悲之心所促使,在所有不净的世界中,经过无数大劫亦不知厌倦,以何身得度者现为何身,通过无边神通,引导众生进入增上生和决定胜的妙道,示现普贤行之游戏,轮回未空之际,精进度化无量有情,这是它的客观规律。

　　由此可知,这位至尊上师对于一切有情利益很大,尤

其是对北方的众生利益更大，如《噶丹仁波切》①中说：

> "从布达拉山的顶峰上，
> 圣心所化光芒照各方，
> 我身化现一位神圣尊，
> 乃从藏北之地到北方，
> 为引无怙之众而远赴。"

文中所说那样，尊者对北方无依无怙的众生，犹如慈母爱抚患病的独子一样，以甚深的菩提心和大宏愿，披起了奇异大无畏的坚甲，由极猛威的慈悲心不由自主地推动，在大寺院直到二十五岁之间，以伟大的佛子行、六波罗蜜多和四摄事等神圣的诸菩萨的清净的本身传记的丽服，而装束自身。就像前几辈尊者住世时那样，对建立的政教之规律，承担起来并作为美饰而加以治理维护。其详情此出不述。

其个别重要之事做一简述的话是这样：在全知班禅·罗桑益西大师、噶丹赤巴卓尼·次成大杰、比丘嘉样智华、至尊盖勒嘉措等许多护持黄冠教派（格鲁派）的座前聆闻了密宗的灌顶、随许法、窍诀、传承、密续讲义、生圆次第的讲解，以及显宗的传承《菩提道次第》广略的讲解和一切讲解传承。尤其是依止比丘嘉样智华为根本上师，按四函

---

① 《噶丹问道录》。

《恒河水流》之规定,在三年中,不分春夏秋冬四季而精进学修,这是尊者亲口所说。

　　那时,权势极重的第思,经常对比丘嘉样智华降下谕旨:化身仁波切必须所需的灌顶、随许灌顶等一切法,务必要认真传授,否则的话……而谕旨十分严重。

　　当时我因年幼,在授个别的传承时,未如法听闻,而起身后走来走去,在这个时候,我那皓首穷经的根本上师起立后,手持经文,随我之后劝说:"请您千万莫要如此,坐下来听吧!如果您不听的话,第思会指责我的。"说完他举起双手合掌的时候,我也听话后坐了下来。上师又坐在我面后,继续传授未传完的传承。当时的那些情景,尚记忆犹新。我曾经历了各种酸甜苦辣,不一而足啊!说完常常以拳捶首,禁不住潸然泪下。

　　言归正传。在第思的面前得受过一遍《甘珠尔》的传承;根本上师比丘嘉样智华处得过一遍;后来在掘藏师日纳朗巴处得过一半,合起来听闻过二遍半。总之,萨迦、格鲁、宁玛等凡是在雪域地方所具有的一切教派的能成熟的灌顶和能解脱的讲义、传承、教诲等,无论是显密的一切理论,不分派别,均所闻习。

　　后来在一个冬季下雪的日子,尊者走出庭院当中,在雪地上跳起了以前学过的格鲁法舞时,边跳边解释说:"是如此!"并做出了一股金刚、三股金刚、五股金刚和各种金刚之步法、舞姿,又说:"看我的脚印!"但由于当时我年幼,除只把它当作一种游戏看待外,没有看作是一门学问,因此,心中没有想到去学习。

之后,寺院在"吾绕"的时候,有一年尊者(阁下)选做十三尊大威德的彩粉坛城的时候,吩咐我说:"日后你如果在这座寺院中能把格鲁的法舞成立起来,该有多好啊!"这话我一直牢记在心中。后来尊者圆寂之后,我到西藏去料理善后事宜,向佛王仁波切①禀示了建立格鲁法舞的打算。佛王仁波切也说:"我亦心想在南嘉札仓②中成立格鲁的法舞,寻访懂格鲁法舞的人,直到阿里亦未找到,所以只好从夏鲁③承接其传承,建立布顿派的法舞了。不幸的是,这么殊胜的仪规,现在在十三万户中找也找不到,而已经失去。假若到康区好好寻访,也许还会得到。"显得很惋惜。

那时,对至尊上师的事迹产生了极大的虔信之心,自忖道:"尊者今天还在住世的话该有多好!"心虽悲怆不已,却也如《入菩萨行论》中所说的那样:

> "倘若已经无可救,
> 对此不喜有何益?"

这正是上述的真实写照。

言归正传。以然坚巴·智华琼排为首的格西们,依为辩论习侍后,广泛学习《摄类学》等因明法相课程。尊者的诗学造诣亦已达到诗人的标准,但如何学习的情况则不得

---

① 指第七世达赖喇嘛格桑嘉措。
② 即布达拉宫的南嘉札仓。
③ 指布顿大师的夏鲁派。

而知。据说对历算的学修也达到了很高的成就。

现在要说的是,如同前面的授记中所预示的那样,摄受北方的所化众生的时机已到,由此因缘,以及其他一些因素所促使,第思与拉藏汗之间,五箭者(他化自在天)寻找到了机会,乘隙而入,由于藏人的福报微薄,而引起了大的衅端。因此,居心叵测的拉藏汗向内地修书一封,说尊者是否是化身①,存有怀疑,皇上派遣了一位擅于相述的人进藏后,让尊者赤身坐于一座位上,对尊者的身体前后左右仔细观察后占相,说道:"这位上师是否为五世佛王的转世化身,我确实不知,但他完全具备了圣者的体相。"说完后顶礼,便返回本土去了。

此后冲突越来越激烈,皇上知道后,为了协和处理第思与拉藏汗之间的争端,派遣夏纳喇嘛和阿南达卡二人,但他二人还没有到达时,拉藏汗已弑第思。正当战乱的浪涛澎湃之际,二位钦差也抵达西藏,拉藏汗从中斡旋,鬼使神差,在二位钦差面前花言巧语,怙恶不悛,使钦差无可奈何。因此,尊者二十五岁时,即火猪年(公元1707年)秋,被迎往内地。当时路经羊八井②,行至念青唐古拉山前,出现了山神恭迎之情景。

几人慢慢地沿着北道迤逦而行,走到朵日错那湖畔时,大清皇帝诏谕钦差喇嘛和阿南达卡等人道:"你们将佛王仁波切迎来,让他何处驻锡? 如何做供养? 实不中用!"

---

① 意思是不是达赖喇嘛的转世活佛。

② 在西藏当雄县西部。

而降下了如此严厉申斥的圣旨，因此弄得信使们束手无策，顾虑到性命难保，诚惶诚恐。遂恳求道："万望尊者伪装圆寂，或者销声匿迹，若不然，我们会杀头的！"反复哀求，希望一致。

为此，尊者说道："你们最初与拉藏汗怎样谋划的？这次不到文殊皇帝的宫廷金阶，不觐龙颜，誓不返回！"此言一出，那些人惊恐万分。随后听到消息他们将要谋害我。于是我又说："这样做，只能害了你们，可我取得胜利，除此外，无任何利益。也罢，我一死了之。但也暂时我观察一下缘起如何。"如此一说，他们非常高兴。此后，又来了很多朝湖的人。有一天，在夜宿之地，我让他们拿一根木棍来，他们拿来了一根撑支帐篷的柏木杆子，插在了地上，翌日却成活了。

然后到达名叫更嘎瑙的地方，在帐篷门口的外围布幕之间有一位蒙古老头在探头探脑地窥视，我让人把他带进来后，令执事吴都洪宝当翻译，问道："这地方叫什么名字？你的名字叫什么？"回答说："此地叫更嘎瑙，我的名字叫阿尔萨朗。"

我思忖道："这名字在蒙古语中是狮子的名字。此中有皆喜、富裕和无畏的缘起。因此就按他们的愿望，施展一下幻术（神通）。"当下祈祷三宝后，出现了吉祥的征兆，尤其是吉祥佛母的授记更为明显，如当晚除了吴都洪宝、两位司膳侍者和汉人的首要人物以外，更未使一人得知，在初更的时候，我摞着穿上了黄色的毡子内衣和外罩红色的毡子袍，头戴博多帽，足穿蒙古靴，还有随身携带的未生怨王的依物,即一只大如雄鸡卵的舍利母、一挂紫檀念珠、胁袋中装着镌刻有标记的图章、腰间带有柔曾·代达朗巴所赐予的伏藏撅,除了这些以外,别无他物。临离开的时候给两位司膳侍者做了一番吩咐及教诫。他二人亦泪流满面,无限悲伤。

然后跟着上路,朝着东南方向走去。突然间,如天摇地动一般,狂风骤起,一时间处于似昏头晕脑的时候,见风暴之中有火光闪烁,仔细一瞧,有一位牧人束装的妇人在行走,我亦跟随其后,天色破晓时分,那妇人悄然不知所踪。狂风也停息下来,整个大地被沙尘所覆盖。以上是尊者亲口所述。这就是为了饶益有情,开始了苦行的生涯。

如《饮光尊者品》中说:"饮光! 是这样:譬如,百兽之王雄狮毫不畏惧而独来独往;饮光! 同样具备博闻、持戒、学处、修习功德、匮乏资具、安住禅定、智慧的菩萨无所畏惧,驾赴各处。"

这正是:

　　　百兽之王独鬃狮,

　　　无所畏惧各地行,

　　　同样具备戒多闻,

　　　智慧菩萨尽兴行。

如同上闻所述,圣者也对当时的大寺院及十三万户的政教,犹如路上的草一般舍弃后,无所畏惧,步印度大成就者们的后尘,为了众生的利益,毫不犹豫,去向各方,广做事业。这就是十方佛及佛子大力所赞之处。

这正是：

> 唉！我的上师佛王您， 具有妙相及壮体，
> 抛弃故土雪域地， 无缘慈悲去何方？
> 唉！我的上师佛王您， 用梵音声护众生，
> 舍弃藏土众乐园， 何愿去度野蛮众？
> 昔日雪域莲池中， 众智鹅群会宴席，
> 尔时似败之大军， 各自悉入悲伤室！
> 恋尊圣容莲花者， 那些无依无怙众，
> 犹如大象毁莲池， 从此依靠何救星？
> 北俱卢洲日虽落， 南瞻部洲日又升，
> 雪域智者之首宝， 我等边荒众生福！

言归正传。在天亮的时候,来到了两座巍峨的草山之间,从前独自没有走过远路,加之口渴,脚掌又磨起了水泡,实在疲惫不堪,片刻歇息之时思维道:"有盛必有衰,有聚必有散,有积必有尽。果真如此!"由此无常之感,引生了出离心。转念又想道:"无论怎样,今日得此自由,全依赖于三宝的慈悲,作为一位远离尘世者,为了净除罪障,必须做一名真正的游方朝圣和修持者才对。"想到这里又生起了欢喜。

然后又动身踏上了一条大路,在那里与阿柔的一帮商贾相遇,他们从西宁返乡,在路上起灶打尖。我那时口渴,虽想喝茶,但从前根本没有向人乞讨过,不好意思启齿,只

得干坐在他们的附近。他们当中有一老者问道:"僧人,你是谁啊?喝茶不?"我回答:"想喝茶,可没有茶碗。"再没有说其他。其中有一人在一只大黑碗中盛满茶水后递了过来。以前我没有用过他人的碗喝过茶,嫌碗不净,实因口渴,还是把茶喝了,觉得那碗茶水格外醇美。

这时他们围在一起看我,觉得稀奇,便议论道:"这不像个普通人,瞧他的服装和面容,如此如此……"又说:"他的体相超过了凡人,跟天人差不多。"随后又问我:"你从哪里来?到哪里去?同伙在哪里?"问得我不知如何答复才好,对于撒谎,实在感到羞愧,又一想,只得这样回答:"我是从西藏下来的僧人,在路上遇到了果洛的强盗,因此大伙失散后,我来到了此地。"这是我一生中第一次说出的妄语。此言一出,得到了大家的同情。特别是那些商人的头头是位老者,名字叫完代嘉,对我格外慈悯。

在那里,起完灶后,他们搭好驮子,准备赶路了,并问我道:"现在你跟我们一块去吗?"我回答:"脚实在疼痛,不能走路了。"他们随即便在许多空载的驮牛当中拉出一头有备鞍的让我骑上。可那鞍鞒上的木梁磨两股,磨得我疼痛难忍,不知如何是好,便叫唤道:"我实在不能乘行了!"那老者脱下他的氆氇外衣垫在了牛鞍当中,又用绳子做成脚镫,让我乘行,因此,觉得舒服多了。

一路上我帮着赶驮牛,因不精于此事,惹得他们不禁失笑,他们亦私下议论:"这人以前肯定没干过这种活儿。"他们觉得我可笑亦复可怜。虽然我们相互说了很多话,但我说的很多话他们未能听懂。

一路上又遇到很多新来的商旅,他们都对我感到奇怪,我边走边忖量:"假若遇到一位僧人,我一定把这件红毡外装换件旧装来穿。"后来,果然有位身着黄色氆氇的僧人随同商贩们来了。我问道:"你的这件黄氆氇衣和我的这件衣服换吗?"他听了这话,不大相信。我随及脱下红色披氅送给他后,他甚感惊喜,遂将黄氆氇衣递给了我,见此情景,众人吃惊。

因为受到他人的碗和衣服的熏气,好几天内我的嘴和面部肿了起来。过了一段时间,身体亦得到了康复。

他们要去的地方,通有南北两路,若经过南路,必须渡过黄河才不会走弯路,所以黄河是否封冻,对此产生了怀疑,问我:"你懂不懂打卦?"经我打卦后,按卦中的显示,黄河已经封冻。我们就沿着南路而行,到了黄河,果然封冻,所以,对我更加敬重。

到达玛沁山下时,玛沁山神亦恭迎有仪。

此后又到了阿柔地方时,完代嘉老人亦十分恭敬我,老丈的妻子亦对我很是慈祥和蔼,并说:"务必要住一段时间!"经过再三挽留,我在那里住了将近两月。其间诵读了《般若八千颂》,并给他们讲解了因果之法,对我十分信敬,还立下誓言,日后不向他人泄露我的身世。

我把黄色氆氇衣赠送给他们作为依物①。给众生做了驱障仪轨,又把腰带的绦穗分别打成护身结赠给他们。那

---

① 作为供养的依止物。

位老妪又送我一双靴子和一件缝好的崭新的氆氇衣,以及其他物品。我只接受了些茶叶、酥油和奶渣,其余的供养物品都退回了。临分手上路时,众人伤心流泪。然后由那位老人和他的儿子将我送出了一天的路程,我亦为他们做了祷告,之后又开始了旅程。

这是我初次乞食的经历。对一位施主来说,恩德莫过于如此。

这正是:

不修寂止一切普通人,　　不会产生获得妙神通,
虽得禅定声闻缘觉众,　　怎能知晓菩萨之功德?
这位无与伦比之佛王,　　内在证境何人能揣测,
有力消除障碍之禅定,　　固然其他佛子似难得,
为此犹如幻术此法术,　　无论谁都难以做估量,
但对极其微妙因果法,　　理应依止正知与正念。
尚且如此崇高之至尊,　　还于业及愿力后随行,
沉溺三界轮回之苦海,　　凡夫有情之众不待言。
由此可见世俗现象法,　　通达此理一切瑜伽师,
丝毫不会产生实有境,　　应知这是幻术之神通。

言归正传。然后又继续赶路,到了阿西部落拉岗那地方又与一人同行了数日后到了一个村庄,有一座苯教的寺

院。那人去了其他地方。之后,我独自又走到了一座周巴派①的小寺院。正好那里遇到施主为众僧供养僧茶,我也在经堂的门前领取斋茶。喝完,正准备离开时,有一位老年僧人说:"去我的寮房吧!"他的僧舍比较阔气,对我的招待也很不错。他对我说:"昨晚做了一个梦,嘱托若有如此如此的一位朝圣者,就应当尽力侍奉。这肯定是您了。"说着,显得十分虔诚。他还自我介绍:"我是康司切央让桌的弟子。"并赠给我一钱黄金和一锭白银,拒而未受。只收下了一口小铁锅和少量的茶叶、酥油、糌粑。他送我一段路程,临别时伤心难过。我打听了一下去羌地的道路,但未能成行。之后,又朝着嘉绒②方向走去。到了一座名叫嘎嘉的寺院,这座寺院属白若派③。附近有一个白若尊者住过的极妙山洞,我在那里住了几个月,修证也有所长进,也出现了个别殊胜的异兆。全赖三宝的恩惠,周围的人们也不断送来饮食。

此后又向擦瓦绒方向走去,于土鼠年(公元 1708 年)七月份,到了一个名叫多盖的地方,那里人烟稀少,有各种花木果实,是一个好去处。那时在康区天花(痘疮)蔓延,死了很多人,不少村落已阒无人迹。当时我也身体欠佳,而无力行走。自忖:"大概我也患上了那急症了!"只得睡

① 属噶举派的一个分支。
② 也叫嘉毛擦瓦绒,在四川省阿坝洲境内。
③ 白若,即白若杂纳,是藏族大译师。吐蕃王朝赤松德赞时人,属宁玛派。

在一棵葡萄树下,浑身浮肿,疼痛加剧。由于脸部和全身肿胀,连眼睛也无法睁开,匮竭无力。再者饮食已尽,饥渴难熬。白天烈日炙热,夜间朔风凛冽等遭受了如同有情地狱的无量大苦一般,疼痛苦楚实在难以忍受,有时休克后,浑然不知过了多少个日夜!

对于生机我已经绝望,勇猛地祈祷上师三宝后,只希望:"净除昔时的恶业,以及由此祈祷之力,消除这方的痘疫!"就这样过了十来天,身上的疮症熟透后化为脓液,沾到了衣衫上,致使虫豸伤害我身,剧烈疼痛,苦不堪言。直到手臂能抬动的时候,我取此葡萄充饥,觉得很有效果。又这样忍受过了二十多天,病情虽然有些好转,但由于没有食物可吃,身体不断消瘦,极度虚弱,所以还是举步维艰。而不由得思忖:"即使病不死,也会饿死!"就在这时,一只大乌鸦①叼来野兽的一支前腿,丢在了附近,我拾起后吃了一点,体力稍有恢复。我想这块肉没有吃完之前能否到一个村庄,随手挂上一根棍子徐徐挪行,步履蹒跚,却仍然没有走出多远。

在许多树木上结有红色的果子,我摘下了充饥,谁知吃完后病毒复发,肠子绞痛得快要死了,产生如此大的痛苦,由于余业未尽,还是大难未死。每当想起这件事后,心中尚有余悸。现在你们稍有病痛,就支撑不了!

之后,恶疾的疼痛有所好转,身体有了舒感,便慢慢入

---

① 这种乌鸦比一般的乌鸦大,叫声也粗于其他乌鸦。玛曲等大草原上尚有此鸟。

睡。在梦中有一位二十来岁,肤色细腻,身着黄色的少年向我说:"我迎接您来了!"同时,在空中有个看不到形体的声音叫道:"这是不能吃的一种毒果!"另外又听到一个声音道:"把毒能化为药的人食用,倒也无妨。

哈哈!(说了以下之言)

> 毒在汝之意中出,
> 树上果实虽有毒,
> 实乃美味甘露食,
> 使能身体得康复,
> 庆贺喜宴快起程!"

听到这声音的同时,我醒了过来,顿觉身体舒服,天气也很温暖。

此后经过了那里的川谷,正在行走之际,见到一位身穿黄色上衣的人,靠一块大磐石坐着。与他邂逅相遇,我很高兴。我向他搭讪询问后,他把道路、树落和居民所在的情况详细地做了介绍。又对我说:"现在您从这里朝下走,到了那村庄的后面有一个具有加持力的山洞,暂居其中。我现在稍有闲暇,实难奉陪。过不多时,我定会给您提供顺缘资粮!"说毕,于森林中隐去,不知去向了。

然后我就按他说的走去,到了一顶硕大的牛毛帐篷门前,那里有很多家畜。从里面走出一位老者,我对他说:"我患有天花,不知您是否忌讳,请布施些饭食吧!"老叟回答:"不忌讳,里边请!"进里面后,为我斟满了一碗茶。谁知刚喝下,我就昏迷过去了。过了许久才苏醒过来。老丈夫妇和全家人都在为我悲泣,甚是怜悯。

他家里住了两天,我向他们问:"这里有修行的禅洞吗?"回答:"在这沟里面有一个叫灵验禅洞的山洞,上下有两处。"我问道:"先前谁在那些洞中居住过?"回答:"白若尊者的弟子耶札宁宝,曾在这个山洞住过。据说,上面的山洞中莲花生大师曾驻锡过。"我问老翁名字,他答说,叫噶奇嘉。

随后我与老者一同前往禅洞,当晚就住在那里。那禅洞里面有许多手足的印迹和几尊旧佛像。老人回家后,翌日和他的儿子一起用一头牦牛驮来了毡条等用具。为我在下面的山洞里布置了住处。又为我熬茶,陪我喝完后返回家中。由于前些日子遭遇了极大的痛苦,就觉得这里的住处十分舒适,老翁供给的饮食也很丰美,因此就更加舒畅了。

我在上面山洞中居住一天后又返回到下面山洞中修持,轮流在两个禅洞中修习。有一日,几天前路上遇见的那个人来了,他对我说:"我是这里的土地,您最好住上一年,至少也要留住几个月,生活方面全由我来提供。"说完就走了。

在那山洞里,我将近住了三个月。在此期间,不分昼夜,通宵达旦地修持,功力明显长进。然后我又重回老者家中逗留了十来天,并向他们讲说了因果、皈依等法。他们极其诚笃虔敬,为我做供养,我都未受,仅接受了些食物。老人又送行我走了一天的路程,我又向擦考①方向走去。

这位老者噶奇嘉,原来是上面所说的那位土地爷的儿子。在此之前我还不会做茶饭,经过老人的指点,才懂得了如何煮茶熬粥。

这正是:

> 导师释迦牟尼佛, 自他二利虽圆满,
> 但在尼连禅河畔, 行持六年之苦行。
> 您虽无量劫以前, 以华则王早成佛,
> 为度难调之众生, 又示利众种种相。
> 为此具有智慧众, 看到此等殊胜行,
> 对于尊者之传记, 谁能生起不虔敬。
> 世上绝无这等人, 即使追求世间福,
> 具有世间智慧者, 也应修习出世智。

言归正传。又走了二十多日,经过了一些农区和牧区,而到了擦考村庄。在这里住了三天,之后又去了擦考寺院,这座寺院是我们祖师②的大弟子,寺主阿旺智华③的驻锡寺院,因此一切教仪完全是遵循格鲁派的,故而心中生起了极大的欢喜。

---

① 在四川省甘孜州境内。

② 宗喀巴大师。

③ 宗大师当年为他授教诲,撰写《三主要道颂》

在护法殿中供奉着大威德金刚和众护法像;在大殿的上首供有至尊上师师徒三尊①和本寺寺主阿旺智华尊者的像等具有很多加持力的依物,我都一一朝拜。在那里住了十余天后,又继续前行,途经萨噶,到达了康定。在那里有许多从西藏来的商人,正打算与他们结伴进藏时,恰又遇上一位名叫华巴瓦的朝圣者。相互谈了很多有关朝圣拜佛的故事,并提到了峨眉山的情景。我问:"你去过峨眉山吗?"回答:"去过那里,路途也熟悉。"我说明天我也很想去朝拜,无奈不懂汉语。他说:"您若想去,我愿意陪伴前往。"于是我和他同行,绕过康定的右方,走过一段路程,有一条大江向东流淌,上有石桥,渡过这里,再往前走时,一路上有很多汉族人的村落,鳞次栉比。

又继续往前走,在一条狭窄的路上,很多商贩背着竹篓,里面装着茶叶、瓷碗等,朝我们的方向而来,络绎不绝。

又走了十天,到了峨眉山前方的一座大城市。那里有座汉族的禅院,住有一位和尚,当夜就在该院投宿。华巴瓦当翻译攀谈了起来。那和尚说:"这里到峨眉山已经不远了。那山上有很多寺院、殿宇,还有许多泉水。"又说,那山魏然屹立,山峰高及日月等,具有种种功德等,赞不绝口。

当天夜里,与我同行的朝圣伙伴忽然失踪,不知去向。翌日,到处寻觅也未得其踪影,不得已,我独自前往,在峨

---

① 指宗喀巴大师师徒三者。

眉山上遇到了一个穿新装的汉僧,我俩结伴登顶。一起朝拜了很多佛殿和圣泉,前后有十天的时间。僧人们都对我慈祥和蔼,也提供了饮食。

朝拜完峨眉山后,我独自向西藏进发,渐渐走到了理塘寺①,谒拜后准备住些日子,但因当时托高哈郭芒拉斯正在担任理塘寺的堪布,又恐认出我来,所以只在那里停留了三天。

之后,又往前行走,有一日走进一户人家,这家有一位无头之人,向家人问起缘由,回答:"患上了瘰疬后掉了脑袋,已有三年多了,还是未死。"我生起了无限怜悯之心而看着他,见他以手捶胸。遂问:"他这是干什么?"另有一人回答:"他已饿了。"在那断头的脖子上有两个小窟窿,其中一个里面用瓶子灌进些温热的糌粑糊,管口一开一合,有气上逆,咕嘟嘟地冒起泡沫。过一会儿,面糊流进了肚里。

看到此情,我思忖:"有情的业力,确实是这样不可思议啊!"因此我更对业果获得了信解。

《经》中在讲解布施波罗密多的品章中,曾说,众菩萨为了求得佛果,成千上万次把自己的头颅施舍出去,又说:头颅也是五官中的最殊胜者,因此首断,不会复生。这是总的方面而言的,但少数有情的个别特殊之业力果报,很难测度,的确令人不可思议。

---

① 即四川省甘孜州理塘寺。

这正是：

> 依怙您为度众生，　如此轮回中遨游，
> 趋向西藏之途中，　遇见一位无首人。
> 圣者善财童子行，　似观稀奇之景象。
> 这等种种睹闻事，　成为您之证德饰。
> 虽则如此清澈湖，　如同影子所显现，
> 尊者无障之智慧，　似现所知一切事。

言归正题。又开始起程，过一段时日后到达了巴塘①的山谷，从远处就能望到一个村庄，遂去化缘。走到跟前，仍不见一人。走进一户家里看时，有一位女孩，大概十二岁左右，另有一位男孩约有九岁，因患上了天花，已是奄奄一息。两个孩子的母亲因染天花，已僵死在灶旁。目睹此景，我生起了无限的悲悯之心，立即为那两个孩子起火做饭，给他们灌了下去。几度昏厥之后，总算苏醒过来。又为死去的妇人念诵颇瓦仪轨和超度经，并做了祈祷回向。那尸体虽已腐烂不堪，臭不可当，但我还是鼓起勇气装进了大口袋里面，用绳子捆好后背了起来。那尸体向头部歪邪，背上摆来摆去，甚难背负，加之尸沉，我加把劲后，最后送到一个较远的深沟里面。

在那里我又侍候两个孩子，又不得不逗留一段时日。

---

① 即今日四川省甘孜州的巴塘县。

过了很多天的一天,说是两个孩子的舅父来了,我把小孩交给了他。临行时,孩子们抓住我恸哭不放,我把吃的食物全都给了他们,虽然心中怅怅,不愿离去,但还是数日后的一个夜里悄悄离开了。

这正是:

昔时无量大劫中,　屡屡转为您母亲?
或是成为阿阇黎?　因为如此缘分深。
假若世尊现住世,　阿难尊者请问时,
对于此事之因缘,　正等觉佛做何答。
涅赤赞普法王座,　如同路草您抛弃,
却在背中一妇尸,　无限慈悲而背负。
呜呼! 如此之轮回,　犹如雕绘禽兽步,
去上去下难确定,　迅速此中要逃脱!
超凡脱俗诸圣者,　轮回过失所不染,
因大慈悲水润泽,　故像泥出之白莲。

言归正传。又开始起程,在土牛年(公元 1709 年)四月份,逐渐走到了噶玛日地方。在那里与一密咒士相遇,他头戴黑帽,身穿咒士衣,手中拿着胫骨号筒。对我说:"我是来迎接您的!"又说:"这山谷里面就是我的住处,请务必光临!"

我自忖:"这是个什么人呢? 他不会知道我呀?"我心生犹豫,又随同他一块走到了一个大的山洞,里面摆列着很多会供品。那里只除了他住外,别无他人。当他吹响那个胫骨号后,许多牧民装束的男女接踵而来,聚集在一起,做起了会供轮;佛事完毕后,给他们发分食份,那位咒士又送我一段路程后,他才回去。

上述都是尊者亲口所讲。那时尊者虽提到了一点他亲见胜乐金刚的现身等奇迹,但没有做详细的解说。

这正是:

> 怙主梵志之身者, 现咒士相敬尊者,
> 现影空行眷属众, 为您供养会供品。
> 前面无边虚空中, 吉祥胜乐本尊等,
> 三坛城的智慧尊, 遍满整个天空中。
> 对于尊者十方佛, 以及集智慧诸尊,
> 本尊誓言护法众, 排列您前甚稀奇!

言归正传。此后又逐渐走到了东岗拉(地名)和西岗拉之间,那里碰到了四个强盗,因无重要东西,他们只夺去了些糌粑和茶叶等。所以,还未到西藏的门户,就尝到了大的苦头。

进入西藏境内之后,我想一边化缘一边朝圣,再到拉萨。走到噶擦寺的转经路上,遇见一位服饰华丽的妙龄女子,她端详了我一番后,问道:"香客,您从哪里来?"回答:"我从康区来,准备去朝谒拉萨。"她说:"我也是刚从拉萨回来,朝圣者为什么都要去拉萨呢?"说毕,嫣然一笑。"他这是什么意思?"我心里犹豫了一下,正要离开时,她又说:"若无急事,驾临寒舍,希住上一段时日。"我回答:"那也行,你家在哪里?"她答道:"暂时不便住于寒舍,后山的山间修行处,甚是幽静,现无人住,请您前往,我来承侍。"我看她出于一片诚心,不便推却,就按她所说的路线找到了噶擦山上的修持之地,住了下来。

黄昏之时,那位女子送来了一坛水、柴火和一些糌粑,并说:"请足下暂时在这里安住,这些东西用完的时候,我再给您送来。"说完就去了。

在那里住了两天后的一个下午,来了一个年老的僧人,自称是寺院的执事,在盘问我的时候,看到了水坛,便嚷道:"这是我的水坛,你怎么偷来的?"掐住我的喉咙,给了一记响亮的耳光。当时我羞愧得说不出话来。他还余怒未息道:"看我怎么收拾你!"骂着,便背起坛子去了。我在后面看他,只见那老沙门刚走到山下天坛①旁边时,跌了一个筋斗,水也泼了,坛也碎了,他惘然左顾右盼后,爬起身匆匆地返回寺院去了。

当下我喃喃自语:"我无论走到哪里,总会遇上这些麻烦的事。"正忧心忡忡之时,那位女人又来了。我责备她道:"你把别人的水坛偷来,刚才主人找来了,大闹了一番,糟糕极了。原来不知你是一个什么样的人,现在我要离开这里!"她说:"我是什么人,你以后慢慢会知道的,这倒无妨碍,不论怎样也要住上几天!"说完就扬长而去。我想她要去哪里,就跟随其后,转眼间,消失得无影无踪,我心中

---

①　藏语称拉妥,土或石堆成的供山神的处所。

暗想,她肯定不是凡人。

就在当天晚上,禅门吱吱开了,那女人又来送水。我说:"我再不要水!"但她置若罔闻,放下水后转身走了。当晚在梦中得知了原来是银珍佛母显示神变的瑞兆。

次日,太阳出来刚温暖的时候,噶擦寺的上师来访。他的颈后长有一个肉瘤,以前和我熟悉。他手中摇着嘛呢轮,慢慢地走了过来后,问我:"你是谁?从哪里来?"那时我已经能讲一口流利的康区方言。我回答:"我是来自康区的一位朝圣者。"说完后就一声不吭。他反复端详着我的面容,又抓住我的衣襟再三追问后,长叹一口气,不由地大哭起来。我说:"师傅切莫如此,我确实是康区的一位香客,您大概是认错人了?!"或许是他听出了我的声音,说:"我已经知道您是谁!"便倒身顶礼。他还发誓不向他人宣讲。我在那禅房中闭关一月左右,那位上师也给我提供了方便,甚是周到。先前那个水坛的主人,从那天开始,一直身心不舒服,将信将疑地来到我面前,求我宽恕。

某一天,应那位老师傅之邀,去了他的寮房。他的房内有一只母猴,它见到我之后,时而高兴,时而悲啼。因此我观其因缘,结果是:我小时候在桑梓时,我有一个叫曲珍的姐姐。这只母猴正是她的转世!

当时我(作者)问起了其中的原委时,尊者讲了一下详情:

我年幼在父母的身边时,我家村后有一处口朝南的岩窠,我去那里与几个小孩玩耍的时候,曲珍姐姐来到后,抓住我脖子上系的全知班禅大师所赐的护身结,把我曳到一块磐石上,来回翻身,毒打一顿。当时我裸着身体,前胸后背的体形都印在了石头上。她突然看见,从此以后,虽常常心生懊悔,但因殴打菩萨,由此异熟而得到了如此一个畜生的身体。

又说,我也时而为姐姐做些功德善事,让她能够得到往生。又吩咐噶擦寺的那位上师:"我走后,这个猴子为思念我而会痛苦地死去。如果死了的话,希望你给它做做火供"①等,能为其广集善根。

这正是:

> 至尊金刚银珍母, 示现尊者之仆从,
> 成为大乐之伴侣, 行做息等诸事业。
> 阿姊曲吉珍玛者, 受生畜生之道中,
> 即使微细诸因果, 尊者观见善巧度。
> 一切有情诸业力, 在一刹那能现观,
> 尊者具有此慧眼, 除怙主外还有谁?

言归正传。离开那里后,直奔拉萨,并到色拉寺和哲蚌寺朝拜。又去了色拉山上的禅房。这时,至尊格勒嘉措大师②察知后,独自到禅堂门外与我晤面。上师黯然伤神,我也非常悲辛。我让上师住在禅堂深处,以上师闭关静修为由,杜绝他人。饮食都从穴孔中递进,即使对司膳侍者

① 原意为烧施。
② 西藏有名的大德,后文中说是阿底峡尊者的化身。

等人,也守口如瓶。在一月多的时间里,能在怙主宗喀巴大师曾经居住过的殊胜地方,又能与这位大德共同修持妙法,确实善缘不薄!

那时我已患有高血压病,至尊格勒嘉措大师授我《依至尊宗喀巴上师瑜伽仪轨》,修习此法后,不仅重病痊愈,而且引生了殊胜的证悟。此外,我还向上师求得许多甚深妙法。又按上师的要求,为他传授了《菩提道次第·文殊言教》①的传承。上师虽挽留我多住些时日,但我考虑到上师年事已高,不便给他添麻烦,再者由于我的原因阻拦了来拜谒上师的信徒们,所以我决然辞去。上师也与我谈论了很多,我也做了再来的打算,暂时到噶丹寺(即甘丹寺)去了。

在噶丹山下,我借宿于一位名叫藏多宝巴的家中,他十分虔诚。我在附近一带去化缘。然后再去拜噶丹金塔仁波切②的时候,遭到了香灯师的阻拦而未能瞻礼,因此我懊丧:"如今连朝觐一下宗喀巴大师的金塔的权力也没有了!"过度悲伤。便坐在殿门前悲泣之际,忽然觉受中出现了阎摩护法亲临的景象。

这时给我刁难的那位香灯僧,手拿铜壶,里面装有供过的供净水,准备泼掉。刚登上梯顶,脚下突然一滑,脸朝下便摔了下来,把脸上的皮子全擦脱了。怕他责怪与我,我就马上溜走了。

---

① 第五世达赖喇嘛所著。

② 宗喀巴大师的肉身金塔。

　　此后,有一天,我混于几位香客中间,终于拜见了金塔。遂想:能住在一个可以看见至尊上师(宗喀巴大师)的驻锡处而修习一段时日该有多好。便去了扎索寺,该寺的扎索喇嘛,以前对我敬信。慢慢地认出我来,便让我住在他的上房室内,关闭小门,暂撤梯子。首先在几个月的时间里忏悔涤罪,然后静坐闭关。在这里住有一年多的时间。其间静修时的生活由藏多宝巴提供。护关的二人是护关喇嘛和该寺的一名僧人,名叫比丘爱智。善德诸行,与日俱增。出关之后,我带着比丘爱智前往山南,巡礼了桑耶、昌珠、沃卡和墨脱塘等寺。于铁虎年(公元 1710年),去朝观了杂日圣山①。

　　这正是:

吉祥瑞相所普及,　　圣地拉萨正法盛,
观音所化大召寺,　　释迦宫殿中朝观。
讲修妙法珍宝源,　　哲蚌寺等中巡礼。
尤其阿底峡尊者,　　化身格勒嘉措师,
彼此谈论甚深法,　　承办善说之喜筵。
宗喀上师驻锡地,　　噶丹法论洲中礼,
该处阎摩敌护法,　　行无量事做仆从。
具加持力圣山上,　　专修甚深密宗法,
亲见本尊空行身,　　示现内证颇高相。

---

　　①　杂日圣山是胜乐金刚圣地,在西藏珞隅地区。

言归正传。那里在杂日久嘉处，有一位噶举派的高僧，名叫智妥玛宝，对摄风息气已得自在，我在他座前受到了勒系和支系二传承的胜乐金刚的灌顶和讲授。尤其是对修习纳绕六法的诀窍、净身等教诲认真请教，彻底消弭了其中的疑惑。此间也打发走了比丘爱智。我独自留在了杂日久嘉处，远离人烟，仅着一件衣服，专心修炼，脐轮暖火不断上增。有时也到上师近前求教，消除疑窦。

在这里居住了几个月后，有一天来了一位身着布衣的中年妇女，对我说："我家女主人令我来邀请您的。"我把这事请示给了上师。便和上师身边的一位僧人随那妇人到了一个岩洞前面，洞门开了，妇人对那随同来的僧人说："你切莫入内！"便撵了回去。当我一进洞里，门自然关闭了。那妇人引路，走了一阵，来到了一座用各种珍宝造成的大殿，富丽堂皇。殿内有许多空行母，其中央有一位空行母，面现人相。我想：这位大概就是金刚瑜伽母了。随后，便在那举行了会供法事，众空行母唱起了金刚歌并跳起了金刚舞等，格外奇异，令人目不暇接。当时，我以为不过度过一天，但返回原地时，(人间)已经超过了七天。

那时尊者虽然还讲了其他许多奇闻趣事，但这些属于饬令讳言之事，笔者未做详述。

这正是：

> 吉祥海日嘎本尊，　　殊胜加持修行地，
> 名曰冈底斯雪山，　　此处命名为杂日，
> 如此奇特幽静处，　　您如米拉日巴师。

舍弃人烟取精华，　身上仅着一件衣，
如法依止殊上师，　求得甚深验证法。
作为甚深心法修，　猛厉火等日俱增，
出现种种奇暖兆，　获得殊胜之悉地，
随意示现变化身，　无有阻碍广利众。
金刚瑜伽母派遣，　空行使者邀请您，
居于会供轮首座，　成就哎宛双运道。
其他空行眷属众，　唱起金刚悦耳歌，
跳起种种金刚舞，　献给尊者奇异兆。
如此稀有之大德，　此世间中甚稀有，
名实相符您稀有，　但愿与您永不离！

　　言归正传。此后又去了至尊上师宗喀巴在奥喀雪山上修行过的住处，在至尊上师修持过的山洞中凭借采服热巴利花的摄生术或吞服石丸的避谷术，勤奋修炼十一个月之久。有一天，在面前的虚空中出现了五彩霓虹的光环，其之中央是至尊宗喀巴大师，大师的心间有红黄色文殊，至尊上师的周围是嘉擦杰大师、全知克智杰和(宗大师的)八大弟子。见此妙景，我生起了无限的出离心，并极力祈祷而思念："已经得到了至尊上师的加持。"生起极大的欢喜。

　　又一日，看到了胜乐金刚佛父佛母的显现，面容、手臂都十分清楚。右边是阿底峡尊者；左边是莲花生大师；前面是宗喀巴大师；周围有很多的空行在跳金刚舞，当时禅洞中降下来米雨，洞中到处都有。经过煮熟后吃了，心中生起了无比的欢悦。由于避谷的功能，身心得到轻安，随时都可以入三摩地（禅定），又能引生出了知宿世等种种神通。现在因为久食众人食物，尤其是接受食用别人的供物，不但不证悟功德，而且先前有的法力也有所衰退了。

那时，尊者未详细讲述其他证悟功德的情形。

这正是：

> 宗喀上师之修地，　　修持苦行依避谷，
> 心一境性修习时，　　心中生起不动定，
> 象征五智虹中央，　　至尊上师宗喀巴，
> 心间出现智慧尊，　　及其眷属都驾临。
> 法身界中尊者您，　　与诸智慧无分别，
> 则因色身相各异，　　示现对您加持相。
> 另有上师和本尊，　　空行护法如云集，
> 降下悉地米雨等，　　显示大成就者相。
> 那时出生妙神通，　　以及广大三摩地，
> 内外功德诸现证，　　又示心中所生相。

言归正传。尊者又讲述：铁兔年（公元1711年）七月，我打算去桑丹朗（禅定寺），我想，绕山下走去，路程太远，假若翻山行走，随时还能在山顶上燔一次香（俗叫煨桑）。遂拾了一衣兜香柴，登上了奥代岗加雪山①的山顶上。风

---

① 在西藏山南地区桑日县境内，是一座著名的雪山。

和日丽,万里无云。我在山顶上煨了一个大桑以后,朝着桑丹朗方向下去。在行走之际,那雪地上有似犬足印的痕迹,探其究竟,跟踪而去。过了一会儿,遥见像一只青色公山羊的动物,走近一看,原来是一只青鬃狮子。此前我没有见过狮子,这次觉得好奇①。

在雪山行走十分艰险,雪山的裂缝,黑沉沉的,深不可测。一旦失足,就无法再出来。我慢慢地下了雪山,到了雪山与山林的交界处时,桑丹朗的一位勤奋的僧人带领着一个小沙弥迎了上来。对我说:"今天在雪山上面看见一个红红的(人)朝下走来,从前在这雪峰上绝无人行走,因此我在仔细地观察,看清楚是一位僧人后,我就迎了上来。不知您是怎么走过来的!"感到十分诧异。

原来那位年长的僧人是大学者央丹达杰喇嘛。他虽邀请我去他的寮房,但我谢绝了。

当天晚上,我就在那地方宗喀巴大师曾经修行过的一个岩洞中住了下来。大师让那位小沙弥送上茶来。我因怕他人认出来,所以就马上离开了那里。

据说,那天众人都看见了奥代岗加山上的香烟,大家以为是一个瑞兆,并向政府写为文字,做了汇报。次日,我到桑丹朗,住了一些日子。我在那里的消息被传到了拉藏汗的耳朵里,派出了侦探,暗中打听,渐渐被探明后,将我软禁在奥喀达孜宗山顶上的一个新房子里,四周有很多监

---

① 尊者见到的是雪山狮子,据说一般凡夫很难看到此宝物。

守人,日夜看守。

当地有两名宗本(县长),一个是杰桑官位的蒙古人,一个是与我熟悉的仲科官品的藏人。那藏人对我十分恭敬,可那蒙古人有点厌恨。此间,我不分昼夜地在修持。有一天夜里,房中布满了白光,犹如皓月照射一样。我想,这是什么原因? 举目一望,原来在面前空中显现了大威德金刚的身相。身为白色,所有手面,都清晰可见。当这影形消失后不久,所有的门窗自动打开了。这时我完全可以走出去,但我没有走,我还摇醒了那些熟睡的监守人员,说道:"你们是怎么看守的! 你们看,门窗全都开了!"那些监守人员赶紧爬起来关上了门窗。有的还边哭边说:"方才要走,不就早走了吗!"

在那里禁住了十五天左右,说是藏王的书信已到,让我骑上一头驮牛,由十二名监守者送往拉萨,当行至郭喀拉山口①下面时,骤然刮起了红色的风沙,吉祥佛母亲自驾临,叫道:"快走!"出现了如此情景之际,那些人都僵倒在地上,已经昏迷过去,人事不知了。

我随着那红色风头走去,越过了郭喀拉山口后,心中想到:"现在拉藏汗已经知道了,人们也已处于怀疑状态,还不如远走高飞吧!"主意已定,便日夜马不停蹄地赶路,终于到达了工布地区②。

至尊全知更登嘉措大师(二世达赖喇嘛)有言:

①　在西藏达孜县德庆和扎囊县桑耶之间。

②　工布在西藏东部尼洋河上游。

稀有无量珍宝所盈满，　具有八支功德玛旁湖，
肮脏之处污水所生存，　乌鸦之众如毒却舍弃！
先前珍宝海中所取出，　美名称作如意至宝王，
时下当作砬砆有何用，　让人丢在垃圾堆里面！
具有无量光芒之太阳，　可以驱除四洲诸黑暗，
则对坐南朝北岩洞中，　未曾除暗非为太阳过。
万里无云清朗虚空中，　洁白皓月之影颇美观，
浑浊不清腌臜碱湖中，　未现月影不是皓月过。
呜呼！现今佛法已衰败，假借讲修教法事业盛，
由此幌子妄妒诈骗众，　见此自为大德令怆然！
若对利乐之源无有害，　我等做何事情都容易，
应以慧眼善观实与妄，　切莫诸友心中做伤害！

　　如同文中所言心生厌烦之语那样，当时我们的尊者同样遇到了上述情况。拉藏汗及其追随者，包括那方面的僧俗老少，被他化自在天所加持成为其之魔类，费尽心机，对利乐的源头，雪域的政教做出了极大的损害。正当西藏的百姓处于水深火热的时候，他们还把这看成是美好的憧憬。却不知为耻，反以为荣。
　　这正是：

不仅如此该尊者，　仅这一世是这样，
另在其他本生中，　如此之事亦频繁。
贡确王者之时代，　流放罗刹之地域；

56

佛王更登嘉措尊，　　后藏之地逐前藏；
五世怙主达赖时，　　第思藏巴设障碍。
产生此等种种事，　　对于此事得定解。
犹如智者对一月，　　观现二月则无别。
又在世间雪山上，　　好像贪爱大驾临，
化作雪狮示引路，　　从前何人见此景？
尊者虽已弃诤事，　　但度五浊恶世众，
随心示现各种相，　　如同天授抗世尊。
仅生魔术之诤事，　　本尊大威德金刚，
现为白色身法器，　　通过息业做调伏。
尤其吉祥佛母尊，　　尊者历辈化身中，
如母抚爱之勇母，　　如意守护做伴友。

　　言归正传。在一个叫嘉拉桑丁的地方，有一处莲师修行的岩洞。从前格萨尔王追赶妖魔来到这里，那妖魔附在一棵大树之中，格萨尔王用箭射向大树，调伏了妖魔，那棵树早已枯死。至今那支箭仍然贯穿在枯树上。莲花生大师镇压罗刹女时所用的三层磐石上有大师的手印；磐石下面有罗刹女枯干的肋骨的尖端，赫然可见。我在那山洞中数月之间做了忏悔，闭关修持，心中生起了极大的快乐。

　　此后，又独自走了许久，工布人的风俗习惯，在秋季搅取酥油时讳忌妇女。因此每当这时妇女等家人留在山下，男人们都带上帐篷，上到草山的高处制积酥油。在那里，有一户富裕的牧户，他家养着两千余头母犏牛；牧役有一百零八人，居住在一较高山上的牧场。那里地势辽阔，草地和林木丰盛,地方也十分僻静。我看见有此等去处,便踏着一条林间小径朝前走去,走了不多久,在对面较远的地方传来一个青年的叫声:"守门犬跑了!"随着那人"请当心!"的话音,两条工布藏獒猛冲过来。身量大如三岁的公牦牛,毛色赤红的两条犬,咬住了我左右大胯。这时候,我手中既无棍棒,又无石块,无奈急忙中抓起两把土,朝那两条犬各撒了一把,那两犬就地死去。

随后,跑过来几个人,口中叫喊:"把我们的犬给打死了!"那时我已被咬伤,流出许多血,难以行走,疼痛难忍。然后我跟他们辩解:"对你们的那两条犬,我没有用棍棒和石头打它,手无寸铁,只不过撒了两把土,它们就死去了。"这就表明了人与犬之间的宿业所导致的。其他几个人说:"我们看见你有两个伙伴,举起利剑把狗给砍死了,那两个人去哪里了?"又有人说:"他只是一个人,没有伙伴。"所见情景各异。我对他们解释:"如果狗是用剑杀死,身上必须留有伤痕,可身上无伤痕,这就证明完全是宿业所定!"我虽这样辩解,他们却不肯相信。

就在此刻,在远处叫喊的那位青年来到我跟前,或许是前世的缘分,他对我极其怜悯,拭洗血迹,用腰带把伤口扎好后背起我直奔家里。家里有一位青须皓首的老人,他对我甚是慈祥。施予我茶水、酸奶子等。又说:"犬虽杀了,我也无恨,没有把这人咬死就好。"那老者和年轻人两个每天为我擦洗伤口,尽力照料,因此,一月之间,伤口便愈。那位青年叫罗嘉。尊者(六世达赖)后来说,那两位持剑者原来是吉祥依怙和大红司命主(两位护法)。

之后我又该上路了,正准备起身时,罗嘉问我:"你去哪里?"回答:"我要去印度。"他又说:"那我俩结伴同行如何?"我回答:"你与老人商量此事,若能同意,可以前往。"经与老者商量后,取得了同意,我们便上路了。

与罗嘉走了好多日子,有一日来到了一个地势宽阔,树木茂密,一条大河滔滔下流。我们沿着河边行走,看看太阳,已日薄西山的时候,突然看见从上面远处下来两个动物,身量较大于人,体形与人相仿,浑身上下长有很多毛。罗嘉问我:"这两个是什么东西?"我以前在西藏的时候,听人讲过罗刹的故事,心想这大概是罗刹,便回答:"这两个好像是罗刹。"他虽然是一位勇武的青年,但毕竟年轻,被我的这句话吓得他突然昏迷过去。

然后我再看时,那两个有情已渡过河后到对岸的树林里折了两颗中等柱子般粗细的松树,取掉树枝,扛在肩上,又渡河朝这里走来。我急忙背起罗嘉接连翻过三座大山,逃到了一条河边,给他泼洒了些河水,他刚苏醒过来,不料那两个有情跟踪追来,罗嘉一见,又昏了过去。我又背起他越过了许多山岭,赶紧逃命。总算到了一个坚固的山中小寺里,那里有几位修行者。我把那些情况详细讲给他们听,有位修行人说:"那不是罗刹,肯定是人熊。那东西爱动怒,务必要把门给堵死。"于是用很多石头把门给堵上,又用凉水洒在罗嘉脸上,使他苏醒过来。我们和那些修行人一起饮茶时,果然那两个人熊到来后,在那外门的门槛下面刨出一个小洞来,伸进爪子乱抓。当罗嘉知道是人熊后,恐惧顿然消失,随即取来刀子朝着小洞里的爪子上剁了几下,那两个人熊当夜仓皇逃向树林去了。

翌日,太阳刚升起不久,我两个人就赶路了。可那两个人熊又追踪赶了过来,我们只得逃到了一座陡峭的山峰上,从山顶上放下许多礌石,当即砸死了那个大一点的人熊,小的挨了一礌石后马上逃之夭夭。

此后,渐渐前进,有一天,还未到门域地界时,路粮已尽,因此向一山谷走去,在一座小山丘的口子处有一鄂博,还未到那里,就从那边过来了一位行脚僧。那山顶上住有几户人家,从那里跑出来几条狗。那游方僧从鄂博(敖包)中捡起两块石头向狗抛去,两条狗给打了回去。我仔细看那石头的时候,发现那不是石头,而是中原(汉地)的两锭马蹄银元宝。我大惑不解,遂把两锭马蹄银元交给罗嘉,对他说:"你快把这交给那游方僧,问他不要此元宝了吗?"罗嘉给那元宝的时候,那人说:"我要这石头做什么?"我想,这肯定是空行尊所赐予的悉地。我俩带着这两块银元,到门域一路上的盘缠就足够了。

这正是:

宿世未积福资粮, 累造无量罪恶业,

这世落得兽犬身, 圣者体中咬出血。

吉祥四面依怙主, 大红司命主护法,

刹那斩除造孽畜, 将其送到法界处。

对于怙主尊者您, 逆缘变成善伴友,

遇到缘分很深友, 行做利众之事业。

其他畜生伤害时, 如同绘画影消失。

　　慈蔼伴友及勇武，　您身功德更明显。
　　从前无量大劫中，　施等六度已圆满，
　　所需一切享用物，　您的手中随意得。

　　言归正传。又逐渐行走，到了尼泊尔的一座大城市，该城名在印度与尼泊尔语叫作噶玛荣，也称作噶大吾①。水龙年(公元 1712 年)初冬，即十月初四日，尼泊尔国王带领王妃、大臣等一同前往印度的一圣地去朝觐。我俩也认真虔诚朝拜了夏让喀肖宝塔②等具有加持力的大部分圣地。又瞻仰了自然形成的大自在天的男根，按照尼泊尔的习俗，也用乳汁献祭。这里是从前潘唐瓦昆季诞生和获得成就之地，也是彩观音③供奉的所在地；这里也是藏族的玛尔巴大译师曲吉罗哲④等的驻锡之处；这又是阿底峡尊者、帕当巴大师、达摩菩提等印度的大智者或大成就者曾加持过的地方。尤其是以大自在天的男根天然的象征地，是二十四空行母所居地之一。《续经》⑤中亦曾载："若于大自在天男根天生之地，瑜伽师若加以修持，会速得成就。"我也能在这殊胜的圣地有机会修持胜乐金刚法的话，该有多

---

　　①　即今首都加德满都。
　　②　该塔很有名。
　　③　尼泊尔一著名佛像名。
　　④　是达波噶举的创始人之一，米拉日巴尊者从其学法，1012～1097 年。
　　⑤　指胜乐金刚续。

好！想到这里，做了认真虔诚的祈祷祝愿。

尼泊尔国王及其眷属启程朝拜印度的圣地，我二人也跟随同行，走了一个月之后，尼泊尔国王给我俩供应了些金银，国王等朝着北方的道路去了。我俩朝着一条南路而去，途经印度的许多城市和村落。逐渐行走，有一日来到了一座较大的城镇，镇子上集聚了不少男女，他们仔细看我，互相说了许多话后，几个人去了不久便叫来了一老妪，这位老媪精于看相。她把我带到一所房子里面，让我脱去衣衫后，前后左右仔细地察看了后，对我生起了崇敬之心。她把镇中的男女们都召集起来，向我顶礼侍奉。当时，由于我俩对印度的方言也一窍不通，所以就（跟他们）相互无法交谈。只得在一天的时间内默修慈悲菩提心，并以虔诚清净之心为他们做祈祷祝愿后方才离去。

印度地方大多是广阔的平原，遍地生长着吉祥草，到处是孔雀，看起来像是一条大路，走着走着就会被稠密的吉祥草封住去路，很难找到出路。原来那些似大路的道路，都是孔雀寻饮水和觅食时踏出来的。另外，还有大象、水牛、犀牛、猴、蛇等动物也很多；也有各种各样的飞禽；又在有些地方生长着松树、巨竹、槟榔、诃子①、豆蔻等药用植物；有各种各样的树木，十分繁茂。即便在冬天，也会打雷下雨，甚是奇异。

这正是：

———————

① 也叫藏青果。

金刚持者所授记，　空行圣地噶玛荣，

印藏尼地班智达，　译师曾居此圣地，

尼泊尔国转轮王，　提供赴印之盘缠。

此后尊者仓央佛，　驾赴圣地印度国，

精于看相一老媪，　看出您身庄严相，

具有善缘众有情，　极其崇敬虔诚礼，

怙主慈悲做摄护。

　　言归正传。又行走了一日，正当这时遇到几个从西藏
来的朝圣僧团，并与他们一块走了数日，来到了一个空无
人迹的村庄。在村子的中央有一座像神殿般的大房子，主
仆一行人都进入那殿外的走廊下过夜。那大殿的门原来
是从里面闭死的，天黑的时候，突然打开了，一男一女的两
具诈尸，手舞足蹈，连蹦带跳地直奔过来，其他伙伴像惊弓
之鸟四散逃命，可那两个男女诈尸犹如鹞入鸟群一般，东
追西赶得失去了控制。除我之外，给每个人都奉上了一记
火辣辣的耳光。诈尸一边哈哈大笑，一边还做出怪谲的嘴
脸来。我追赶诈尸的后面，追上之后，抓住了两具诈尸的
头发，将它们摔倒在地上，一个摞一个地摁住后，取出腰间
的降魔橛，打将下去，那两个诈尸即刻失去了知觉。我向
同伴们叫道："快拿石头来！"可他们早已吓得魂飞魄散，不
听使唤，跑得远远的。无奈我一个人拿起石头直到把两具
诈尸砸得支离破碎，然后再呼叫伙伴们，给他们说明了不
必怕的原委，这时他们才一个一个地聚拢过来看了个究
竟，都感到非常惊诧，并互相说道："这位朝圣者肯定是一

位隐姓埋名的大成就者。""至尊大成就者！今天您老如果不在此地，我们会被这两具诈尸给弄死，此时此刻，神志早就漂泊到中阴中去了，这是不可置疑的！所以，圣人的大恩大德，未获佛果之间，实在是难忘啊！"其中一位年老的僧人这样说。

此刻，工布的罗嘉和那一伙朝圣者个个都感激涕零，做顶礼后，用头触我的脚，领受加持。我对他们讲道："刚才遭遇的诈尸恐怖，只是些微不足道的。那种轮回，尤其是三恶趣的怖畏，才是所有怖畏中最恐惧的，也是时间最长的。它昼夜不间断地会时刻桎梏住你。假若能永远脱离轮回，当然是最妙；若从恶趣的恐怖中欲得解脱，仅仅为了自身的利益，也要对善恶因果必定产生信解后，如法依止善恶二业的取舍是非常重要。如此经常熏修，不久的将来，就会获得解脱。若不这样修持，眼中一见美色就心生贪恋，一遇见不合心意的事，就惊恐而逃走，这样做起不到任何效果。至尊米拉日巴曾言：'内心不逃离，体避有何益？'这句话：你们没听到过吗？"等等，当时我说了很多利益今生后世的教诫，可如今大多数已经忘怀。

那两具诈尸，其中一个是筋连着骷髅，另一个皮肉毛发俱全，形似罗刹，令人毛骨悚然！没有皮肉的那具诈尸更难调伏。以前我从先辈大德们的口中听说过："已入筋的诈尸很难降伏。"今日果然如此！

当天晚上，没有一点恐惧之感，就在原先房屋的廊子下面聚餐，我与伙伴们一块安然就寝。次日很早就起床，我和众人一同前行，逐渐走去，第五天时到了一个大村镇里,来了几个人问道:"你们是怎么过来的? 先前我们的父母去世后,成了诈尸,村舍为之一空,我们也逃到了这里,从那时起,没有一人敢走那条路。"说着,表现出惊奇的神态。

有位门域的朝圣者,懂得印度的语言,他当翻译,把那天降伏诈尸的经过详细地讲了一遍,他们听了后惊奇不已。按客观来讲,诈尸如果把手放置于人头上,此人必死无疑。由于业力的缘故,诈尸对强制不住的那些人就打了耳光,当时他们虽说是我的恩德,多亏只挨了诈尸的耳刮子,幸免造成大的后果。

有道是:

> 往昔世尊释迦日,　事业之光遍虚空,
> 驱散此洲黑暗时,　舍利子遵从腰间,
> 取出咒橛降诈尸,　消灭一切逆怨敌。
> 在那殊胜祇陀林,　建立僧众辩经院。
> 浊世怙主上师您,　驾赴圣地印度途,
> 取出密橛伏诈尸,　救护众友于怖畏。
> 声誉大振印藏地,　消弭朝圣之障碍。
> 众知您是大成就,　此等藏地亦少有。

言归正传。在水蛇年(公元 1713 年)农历四月十五日①，我们一行到达了名实相符、久负盛名的殊胜圣地——灵鹫山，这里是无比导师世尊释迦牟尼佛宣讲《般若经》甚深妙法之地。当时有来自印度各地、尼泊尔、锡克和藏地的朝圣者，人数很多。当时在我的视觉中，那灵鹫山并不像一般的山那样，以石土等形成，而看到的全是由兰扎②经函堆聚成的，山顶上有世尊的宝座，本想去朝拜，又恐跨越经卷，所以就没有去成。其他的香客们，丝毫没有顾忌，踩踏着经卷跨过后，朝拜宝座而正在巡礼，我独自一人在山脚下，思念无比导师释迦能仁的身语意的功德。此刻，我悲喜交集，思绪万千！

随即唱起了这首悦耳的道歌：

胜过诸洲南瞻部洲，　就是神圣妙法宝藏。
尤其这块圣地印度，　就是千佛诞生之地。
总之这座灵鹫圣山，　就是佛祖驻锡之处。
清净无污坛城中央，　就是转妙法轮之处。
具有良缘遁世在下，　尤其殊胜今天清晨，
朝拜最极稀有圣山，　喜悦之心唱起道歌。
在那平庸凡夫眼里，　所见一般山形无异，
则我清净慧眼来看，　全是堆聚兰扎经卷。
对于加持我无执着，　五体投地行此大礼。

---

① 按藏传佛教讲，此日是释迦牟尼诞生、成佛、演讲
《般若经》等的盛大节日。

② 古印度文，俗称梵文，不属于一般的写法。

> 我今行此五轮之礼，　祈求三门得到加持！
> 为了所有慈母众生，　今生尝受酸甜苦辣。
> 从今未获菩提之间，　但愿释迦佛祖摄护！
> 虽然无论走到哪里，　或者不论住于何地，
> 所做之事全为众生，　回向众生获得佛果！

尊者一边唱此道歌，一边顶礼。

此后，罗嘉和他的几个熟人结伴到另外一个地方去朝拜了。我独自一人渐渐走到了布拉哈日寺，那时我的轻功的功力还算不错，一般人需要走七日的路程，我一天之间就能到达。当时在布拉哈日，五百名班智达都在那里。我就供养了数两黄金，发放了一次斋茶。对所有的佛殿，都做了多次巡礼。又借用了一位僧人的寮房，在六个月长的时间里，修习了支吾传承的胜乐金刚五尊法，夜以继日，精进不息，终于取得了修正等效果。人们曾说，这印度是很多佛陀加持过的圣地，果然名不虚传！所以，在藏地修持一年的法，还不及于布拉哈日修持一昼夜。

此外，那时尊者讲述了亲见本尊等很多证境现象，由于上师严禁外传，在此未做细述。

这正是：

> 导师世尊说法门，　或八万四千法蕴。
> 其中最极上乘法，　诸佛说是般若经。
> 犹如金山众声闻，　无数菩萨之中央，
> 如同须弥山世尊，　在这圣山灵鹫山，

观察劣根与钝根，　　有情界意相适应，
演说广中略般若，　　如此奇妙之圣地，
至尊上师仓央佛，　　无比意德智慧海，
极其透明甚清澈，　　无等净饭王子尊，
三密庄严轮影子，　　一切无余现其中，
咏怀道歌而顶礼。　　为自然成利众事，
虚空珍宝祈愿鬘，　　百千行者作歌咏。
引众成熟及解脱。　　又称布拉哈日处，
具德纳饶达巴等，　　诸大成就者居地，
日夜勤修胜乐法。　　专心修持密二次，
玄之又玄瑜伽法，　　尤对圆满次第法，
获得坚定之法力。　　日月行道罗睺星，
所食中脉门启开，　　上降下固得四喜。
结开心间脉结等，　　获得极妙之证德。

　　言归正文。现在叙述一下见到伊罗婆那象王[①]的故事。这事的起因产生在印度的何地，因为当时（作者）没有记录下来，所以不是很清楚。但是这确实是一件奇妙的事，谨将笔者按自己的记忆写出来，但愿空行得到准许。

　　尊者曾讲述，那是一个某月的初八日，在长满吉祥草的一片荒原旷野上，阒无人迹，我行走了数日。那天是初八，看到远处好像是有一座雪山在流动，我自忖道："传说

---

　　① 也叫萨拉日丹，是帝释天的坐骑。

68

雪山能滑行,莫非如此了。"我观看很久,逐渐来到了附近,方知像个动物似的东西。又越来越近,走到了跟前一瞧,原来是一头大象,浑身雪白,具有六齿,体态美观,看不餍足,甚是悦意,香气氤氲。背上生出五色霞光直射空中。它用鼻子卷起各处的吉祥草,一边吃着,一边缓缓地走了过来。这时我心中想起:"这大概就是《甘珠尔》经中所说的是由薄伽梵(世尊)福德中所成的那匹大象了。"在那只宝象面前不由地忆念起了无比能仁(世尊)的功德。感慨系之,热泪盈眶,顶了三礼,在宝象的面前丝毫不动地长久地不眨眼地注视着它。之后,大象绕着我转了一圈,我又从四面仔细地观看了一遍。它绕完一圈后,在我的面前留下(便下)一堆较大的粪便,然后才徐徐地远去了。

　　此后,我又开始登上了返藏的路途。走了许多日后来到了一座城市,那时我对印度的语言表达能力已经不错,因此向一位服饰华丽、举止庄重的老太太细致地讲述了见到宝象的经过。她说:"我父母等八九十耄耋之年的老前辈们说,那匹大象每过百年才能在印度出现一次。您具有如此善缘,真是大富大贵之人!我们除了只听听外,未能亲自目睹。这宝象是昔时佛祖在家转轮王时,七珍宝中的白象宝。多奇妙啊!斯卡,嘿嘿!啊南达嗨!"①。说着,那位老太太兴奋不已。

　　此后又逐渐往回走了几个月,进入一个镇子里,罗嘉

---

①　其中斯卡和阿南达为印度语,是喜欢或心中欢喜之意。

和几个朝圣者也结伴到了这里,我们同行到了尼泊尔。在那里闭关修持了数月,生起极大的轻安快乐。此间,工布罗嘉做护关者,他关怀精勤,获益匪浅。那可怜者,如今在这里的话,该有多好啊!

这正是:

> 童子倘若不出家, 　就会成为转轮王,
> 如果剃度出家时, 　成为佛祖度众生。
> 精于相术之仙人, 　对于此事做察相,
> 若在家得轮王位, 　又能得到七珍宝。
> 为此无等导师您, 　舍弃王室为首者,
> 八万多名妃子众, 　出家之后获正觉。
> 如此殊胜化身佛, 　昔积无量福德中,
> 生出美妙大宝象, 　也是世尊之化身。
> 是在一切世界中, 　是为吉祥善德来。
> 尤其南瞻部洲中, 　是为圆满善德临。
> 它于初十等二日, 　空行会供轮吉日,
> 过百年来一二次, 　其间时来或不来。
> 然则我等妙导师, 　怙主佛王仓央您,
> 因为殊胜于他人, 　宝象也临您近前。

言归正传。在木马年(公元1714年),途经聂拉木、定

日①等地,又横穿我呱呱坠地的门域,逐步经过工布后到了大宝札仓②,我在该寺中隐姓埋名地逗留了很长时间。那时别人都叫我大宝夏章③,直到现在人们还沿用那个称呼,仍然称我为大宝夏章或大宝喇嘛④。

在大宝袄的山口,雅鲁藏布江河畔,尊者沐浴之时,在江岸的乾纳处的一块大磐石上,尊者留下了十分清晰的全身的印迹。有一次,在旺仁寺中,尊者带着阿沃降神者等几个随从,在夜间悄悄地进入赞康护法殿,向护法神嘱托事情,然后以游戏之态,将赞康内的所有的乐器(铙钹等)用力敲奏起来,持续了很久。随从们怕被外面的人听到。于是尊者施展法力,使外面的一个人都未能听得见。

在大宝札仓的殿内深处,有一个凶煞罗睺的像,这像十分凶狠,对众僧伤害极大,这时降神者请来白哈尔王⑤附体后,用矛刺入罗睺像的腹中,伤口中不断流出血来,这不但没有得到安宁,反而变本加厉。在不得已的情况下,大

---

① 聂拉木,旧译聂朗,现为县名,在西藏西南部,南面与尼泊尔接壤;定日,也在西南部,南与尼泊尔比邻,现称定日县。

② 即大宝寺,第三世达赖喇嘛时创建。

③ 夏章或夏仲是一种敬辞,是尊前、足下、阁下之意。此外也对很多小活佛称作夏仲。

④ 大宝活佛等。因此,甘肃省天祝藏族自治县的石门寺,清朝时期称为大宝寺,另在朝廷的注册上也称为大宝寺,就是以建寺者大宝活佛之名而得来的。

⑤ 一位护法神名。

71

宝札仓的上师阿里·乌嘎瓦来向尊者求助。是夜,尊者带了几个随从前往殿内,做期克印指向凶暴罗睺像,那像立刻颤抖起来,在场的人们都亲眼目睹到这一情景。再用绫罗将神像腹上的伤口的血流堵住。在神像的口中,全是人们的名字和俑像等,尊者一一取出。又对凶相咐言令其誓守誓言,彻底降伏。从此以后,祸患较小,地方首领间的械斗也熄灭了。

到了祆沟头的寺院后,有一天,尊者举行了胜乐本尊的会供轮后,从空中降下米雨,落于卧室内,恰好能扫得起来。侍者们把米收拢在一起后煮成米饭,主仆食之,听说其他人也产生了大的安乐。尊者在祆地时,对做佛事①的财物不足而思索之际,从空中扔来了一包银子,约有一掬之多,却未见投银之人,这大概是护法所赐。

对埃地②那一方的荣恰噶寺院等各个寺院都做了朝拜,到拉地的时候,在天然生成的玛吉拉仲岩像③前以一个月长的时间里修持能断的教诲。此后,逐渐走到了顷科杰寺④。在朝拜拉姆拉措圣湖,得到了佛母的授记,此预言非

---

① 一般译做事奉。
② 在西藏自治区曲松县境内,其地形象藏文埃子,故得名。
③ 是藏传佛教史上有名的一位女性大成就者,也是希杰派的主要弘传者。其生卒年有不同的说法,大约 1031 年 ~ 1129 年。
④ 该寺坐落在西藏山南的桑日县内。由第二世达赖喇嘛更登嘉措建于 1509 年。

常清晰,详细情景后文中再讲①。然后,与罗嘉一同到了拉萨,在那里秘密地住了几个月。

此后,在木羊年(公元1715年)仲冬初二日敬神节时,我扮成乞丐,去了白哈交,混迹于哲蚌寺的大经堂处,我站在最边上,突然降神者手执宝剑,分开僧众,直奔我面前,对着我跳起了俯首舞,弄得我十分尴尬,不知所措,就向护法瞪了一眼,于是他朝着四方照样跳了一番后走去,众人未能认出,总算遮掩过去了。

这位至尊上师肩负起了谁都难以承受的苦行和修持之重任,此二者并行之时,没有被世俗有情观念、补特伽罗观念、生命观念和妄念之污垢所染着。为了一切有情的利益、毫不犹豫地行持利众之事业,就像鹅王进入莲瓣所饰的清澈透底的如意池中一样。

诗曰:

无量福德所成金刚身, 稀有无畏绿马所驾驭,
广弘神圣佛法一轮月, 几乎照亮瞻部洲圣地。
清楚能观三世诸圣者, 颇为欢喜双手之莲花,
头顶合闭说此极稀奇, 先贤长寿众前禀此言。
由您所表大慈之皓月, 如赛圆劫莲园所显现,
五浊泛滥诤时所有莲, 逃到法身彼岸而躲藏。

① 文中的拉姆拉措圣湖就在顷科杰寺下,在寻找达赖、班禅等大活佛的转世灵童时,一般都要经过观此湖景,预示出生之地的情形等等。

成为芸芸众生之田显密千光之顶巅,
少许触及幸运有情莲园极广教证法,
蜂蜜精汁极力品尝一切神圣六足蜂,
唱起尊者生平金刚之歌不知疲倦矣!

这是一切知语自在法称海贤德本生传记殊胜圣行妙音天界琵琶音中,为了他人(众生)的利益而行苦行和修持的第二章节。

第三章　驾临安多、蒙古后护持圣教与利众的事业,以及最后示现圆寂之相的情况

智者曾说:

"您之奇妙事业际,
虽是佛陀也难测,
但是虔诚心引生,
少许事迹我今撰。"

如同文中所言,尊者的事迹犹如浩瀚的大海,此处要讲述尊者驾临安多、蒙古后护持圣教与利众的事迹,我这里要写的只不过是沧海一粟而已。其情形如下。

有一天晚上,五世达赖喇嘛梦见从布达拉宫前门中似乎进来了军队,感到吃惊,便从布达拉宫后门出走,光头赤足,越过果拉山后,朝着北方茫然走了。尊者明确授记道:"说不定什么时候会真的发生此等事情。"

另外在前文所引的《噶丹问道录》的授记中"从布达

拉山的顶峰上"的偈颂里面说道:"乃从藏北之地到北方,
为引无怙之众而远赴。"

文中讲得非常清楚:就是说,其中之藏(蕃)是指西藏
的十三万户;文中的第一个北方是指多麦;第二个北方是
指蒙古地;余言表明了引导无依无怙的众生。

又,在《莲师遗教》中说:"佛子生身十二失散际……"
是指尊者的族裔是聂译师等许多圣者所诞生的王室家族,
第十二位就是尊者。分散后流浪在外……讲得很明确。

又在该授记(指《莲师遗教》)中继续说:

> "幻术大士贵族瑜伽师,
> 寻常门吾神鬼一首领,
> 最后从那岩山洲而来,
> 日光将近红霞之时来,
> 欲求密咒悉地是否有?
> 昔日帝王如今是否有?
> 未闻昔时君主言成盲,
> 密乘海洋之内诸精华,以理说明……"

颂中第一句说明了尊者是贵族的"佐格";第二句说明
了诞生地门域及其所属之地,以"神鬼首领"指明为密宗师
(家族);第三句"从那岩山洲而来"是指最后从石山或者
雪山环绕之洲,即卫藏的地方来临,表明众人都说之意;第
四句"日光"等语是指日薄西山时照射的日光,或至北方,
表示尊者驾赴北方;第五句"欲求密咒悉地是否有?"就是

指当时藏人几乎被邪魔怂恿,对尊者诬蔑诽谤,此情形在《噶丹问道录》中说:"唉!对大鹏翱翔于空中"直至"心存痕痞者做诋毁。"如同文中清楚说明,对那些心存芥蒂者问:欲求密咒悉地是否有?"是否有"字后面显示出"无"的疑问(怀疑);第六句"昔日帝王"是指吐蕃帝王松赞干布,尊者是他的化身。当时在藏地,如今尊者于某地是否健在。以持怀疑态度表明此理;第七句"昔时君主"之句与前一句相同。"未闻教诲成盲人"是指尊者不住西藏,因此已难能听闻尊者的教诲,甚为不幸,我们似乎成了盲人;第八句说明,对具有密宗三昧耶(誓言);并具备内在精华之众,通过第九句"以理说明",以此可解之语令人知晓。

犹如上文授记,尊者在火猴年(公元1716年)春季,与木日寺①的十五名募化僧人和工布罗嘉一共十七人,从拉萨秘密出发。在一路上尊者为上师,其他人按普通僧人如法做仆从,侍奉尊者。称呼尊者为"夏章仓"恭敬至极,承师周到。行至黄河时,一名僧人被水冲走。其缘由后文再述。

师徒一行人在秋季到达了青海,居住了一个月左右,那些僧人中的几人返回西藏去了。罗嘉因为丘疹未愈,向我请求:"我住这里不再回去!"就住在了青海湖畔。另外几个僧人仍然服侍着尊者继续赶路。临分别的时候,对罗嘉说:"你对我恩德甚大,为了不忘记你,请把你的这把刀

---

① 该寺在拉萨市。

和火镰,给我做个纪念吧!"罗嘉　献上此二物,尊者收藏后起身了。直到后来,尊者经常把那把刀和火镰两样东西带在身边,还在念念不忘道:"我那罗嘉对我恩德深重啊!"

此后,把伙伴们留在了西宁,尊者独自一人,装扮成朝圣者的模样去了广惠寺①,晚上向一位僧人借宿居住。据说当天夜里,嘛哈嘎啦护法对玛喇嘛大成就者授记:"明天早晨,仓央嘉措大师要驾临你家,切莫错了缘起!"那位上师虽然年事已高,还有脚病,但是仍然遵行怙主护法的预示,起了个大早,并吩咐僧人,房内清理卫生,布置法座,供品设列得井然有序,只候尊者驾临。

那天快要天亮的时候,尊者到广惠寺的大经堂外,进行巡礼。又那天夜里至尊罗桑华丹也同样得到了依怙护法的预示,因此他为了迎接尊者,隐藏在大经堂后面右边的角落里,这时候尊者也绕殿巡礼,正好在经堂的角落处二位大德相遇,罗桑华丹大师立即向尊者顶礼。这时尊者问道:"夏鲁瓦·勒巴坚参,你也来这里了吗?"据说,从此以后罗桑华丹大师便以夏鲁瓦的名号著称于世。

太阳快要升起的时候,尊者到了玛喇嘛大成就者的府邸门前。大成就者在室内已知,便吩咐手下的司膳师:"仓央嘉措大师已驾临我们的门前了,你快迎请到里面!"司膳侍者暗自想到:"大概上师年岁太大,风气所致,所以才这么乱说。"但又不敢违命,只得走出门外看时,看见有一个

---

① 今青海省大通县的广惠寺,也叫郭芒寺。

朝山的云游僧,仅仅连一点疑心都未产生便返回里面向大成就者禀报。大成就者说:"就是尊者!除了尊者还有谁呢?马上请进来!"他虽然有足疾难以起身,还是坚持被两个僧人搀扶到门口,手中捧香迎接。司膳师也迎请,尊者径直走了进去,毫不犹豫地登上了设置好的法座上面。大成就者也顶礼后,请求摩顶。其他僧人都甚感惊异,莫名其妙。

就在此刻,尊者与大成就者二位相互谈论了很多事情,僧人们见闻这一情景后,心中的疑团随之消去,还产生了无比的敬仰。据说从此以后,广惠寺的僧人们私下里议论着尊者的来历,都觉得很惊奇。

然后尊者到广惠寺的大经堂里去朝拜,那天正好大经堂中举行辩经法会①,尊者从前排座位前走上去,叩拜了依物,之后又从漱水僧众②的座列前下来。据说这时在辩论的座位中,有一位要进行辩论的僧友,从前他在大寺院③的时候,曾多次拜见过尊者,因此一看见,马上就认出来了。他从座列中起来后请求摩顶,尊者也给他摩了顶后离去了。

那天在辩论会上,请求摩顶的那位僧人辩经获胜。若

---

① 就是在大经堂的很多僧人当中,二人起座离席,当众一问一答,进行辩论。

② 饭后捧瓶水为僧众斟漱口水者。漱此口水,可以消罪。无论大小寺院,理应如此。此即佛制。

③ 这里指西藏的噶丹、哲蚌和色拉寺等大寺院。

在以前，他的对手①众僧一致认可是一位很有学识的僧人。据说，全体僧人都认为他今天取得胜利的原因都要归功于尊者摩顶赐福的恩泽。

这正是：

> 雪域稀有顶宝尊，　　大驾降临边地时，
> 行持少事游方僧，　　高尚行为大圣人。
> 印藏尼泊尔诸地，　　神通威力做巡礼，
> 应症予药度众生，　　然后驾临多麦域，
> 初次行至依怙师，　　圣宗喀巴诞生地，
> 彼大师之大寺院，　　上师僧众都侍奉。
> 获得神通三摩地，　　所有圣人仅看见，
> 尊者圣颜之瞬间，　　十分信敬首顶礼。

言归正传。在那里逗留了短暂的时日，又从西宁带领随从们直赴阿拉善②。当时我（作者）的父亲班杂尔嘉布台吉、祖父阿旺金巴、母亲南宗等长辈都健在的时候，于藏历十月十二日，在名叫匝布斯尔乌素的地方，阁下仁波切（六世达赖喇嘛）骑着一匹雕鞍雪白的骏马、鞍鞯的前后有鞍架。身着新做的上衣僧裙，外着袈裟，配穿肩帔，上系绦

① 即对方辩论僧。
② 即指今内蒙古阿拉善盟阿拉善左旗，是尊者在蒙古主要弘法的区域。著名的广宗寺就坐落在这里。有关广宗寺的历史，请参阅贾拉森活佛所著的《缘起南寺》一书。

带;头戴崭新的修行帽;足登西藏制造的长筒藏式锻靴,率领十二位像徒弟模样的僧人侍奉尊者而来。那时我们众人的供养处,妥贡阿爷可汗的比丘扎西,他神通无有阻碍,在外面老远处就看到了怙主大驾莅临。那位比丘跑到里面,郑重吩咐大家说:"从西面大约师徒十余人向这里走来,诸位官人、太太切莫误了缘起,应以礼迎接。室内设置高垫,大家都要顶礼,尽力款待,并要虔诚祈祷。我敢断言,那位上师绝对不是一般人!"我家长辈等也遵照其言,把尊者迎请到室内,甚是信敬。至于茶水饮食等,都按我们家庭的条件,尽力备办。那天晚上尊者回自己的行帐中休息去了。

那时候,我(作者)才两岁,无力起行,只能匍匐而去,坐在尊者的怀中,尊者也对我非常慈爱,并抚摩着我的头说:"哦哟!"而怜恤着我,显得很高兴,此刻我在尊者的怀中撒了一泡尿,尊者却说这个缘起太好。

次日,把尊者迎请到家里,请求传授支加鲁(一派系名)的长寿灌顶,尊者也很高兴地应允而慈悲传授之末,复诵"世尊如何所赐谕,我应一切如法行"在这个时候我的父亲班杂尔嘉布台吉合掌请求道:"请阁下驻锡在这里,做我们的供养之对象吧!"①。尊者随口回答:"我来! 我来!"在一轮法结束饮茶的时候,我父亲班杂尔嘉布又求道:"万望刚才您所答应的那样,要留居这里!"尊者问道:"刚才我

———————————

①　供养的福田之意。

说什么?"我父回答:"刚才您传授随许灌顶的时候,我请求上师您要驻锡在该地时,您就答应了我的请求。还望您老慈悲摄受!"又做了一次祈请。尊者说:"适才我因分散了精力。如果已对你说了要来的话,我也是一位说话算数的人。倘若需要在这块地方上居住时,大概就在你门前落户。我本来心想还要去朝觐五台山、北京皇宫、普陀山等地后,打算赴北方香巴拉。从前我在朝拜麦多塘①拉姆拉措圣湖时,吉祥佛母(一护法名)在湖镜中很清晰地显示出汉、藏、蒙古的所有地方,并有你们阿拉善的地形特征和你家的所在处,以及家中人口的数目。此外你的这个小孩也在母亲的怀中,这一切显示得清清楚楚。这小孩也是个确有福报的人。不过我说的这一切情况,以及尤其是有我这么一位来自西藏的喇嘛夏章的事情,暂时不要向任何人做宣传。还得一些时间内,我为了圣教和众生的利益,依旧如同原来那样打扮成游方僧的模样需要走出去,请你们不要阻碍我。总有那么一天,我的身世必将大白于天下,众人会感到惊奇,最终众人必定会信赖我的。总有这么一日会来临,但不必急于求成。"

此后,二十五日那天,尊者举行了胜乐金刚的会供轮,座中有我的祖父和父母亲等施主们,以及有侍从等十余人,还有扎西比丘等人。在这众多藏蒙僧徒的法会上尊者吟起了以下道歌:

---

① 一地名,花滩之意。

"至尊三世佛陀众生之怙,上师罗桑益西足下顶礼。

他人无与伦比三尊住世,
今日我乃唱起这段悲歌,
我从雪域地方流浪他乡,
非常吉祥之日彼此相见,
具有种种甚深妙法相遇,
我把故土桑梓彻底舍弃,
这颗心中具有三种铭感,
至尊上师罗桑益西为首,
每当思念恩师事迹功德,
在那吉祥法轮圣地拉萨,
具加持力依物不计其数,
怙主上师神圣诸大寺院,
讲修佛教本源仍然住世,
总之政府噶伦代本孜本,
就像草地之上受伤雄鹿,
我小时候熟悉众弟子们,
犹如江河中驱逐的鱼儿,
雪域藏土中的所有众生,
再三思念此事真觉可怜,
总说藏人因为知耻心小,
尤其是爱好于争辩之事,
美丽而庄严的政府宫殿,
无论是谁现在夺取政权,
藏土百姓处于痛苦之时,

时时刻刻不离头顶供养。
万望你们这些弟子谛听:
你们生在此等边土二者,
具有高贵种姓檀越诸众,
会有所欲诸事聚集因缘。
这颗心中却有三种怀念,
这颗心中亦有三种恐惧。
难以呼名个别上师住世。
我内心中怀念油然而生。
乃以释迦牟尼佛像为首,
我内心中怀念油然而生。
色拉哲蚌噶丹等等寺院,
我内心中怀念油然而生。
以及内外所有大小仲科,
都是可怜对象记于心中。
经常想起如今只我一人,
如今处于何地而记心中。
现在你们的乐苦是如何?
我始终未忘却记在心中。
虽然恩重如山却也不知,
最终结果如何心生恐惧。
如今就像是地下的宝藏,
思惟此事犹然触目惊心。
诸尊空行亦感自己有愧,

个别还自以为了不起者，　力不从心甚感心生怖畏。
经过八年以及零几个月，　纯粹为了众生力行苦行，
虽我本人没有实执之心，　但今天忆念此事很伤感！
若知晓仅仅是妄念幻术，　若不理解就是装模作样，
这一切不过是幻术游戏，　总之振作起精神出世人！
从今以后未获菩提之间，　护持宗喀巴上师之教派，
引导六道众生脱离轮回，　但愿徒我成为慈悲之师！
居无所定流浪之瑜伽我，　与宿缘相关联的檀越众，
总有一天同证佛果之缘，　缘起的精华就是虔诚心。"

咏完歌之后，在座的众人都十分悲伤，生起了无限的
笃信。特别是那些懂得藏语的藏族僧人万分悲切，泣涕涟
洏。大家异口同声地祈求生生世世与尊者永不分离。

那天尊者起初虽然显现出些伤感之状，之后即刻露出
笑容便说道："常言道：瑜伽师的一切念头，都应置于阿赖
耶之中，我过去所做的一切如同梦幻，虽然如此，除了还要
为佛教和众生的利益外，还有什么呢？"当时尊者所咏的那
些道歌已经由比丘扎西做了记录。是否做了校对，则不得
而知。

此后，为周围的官员等所有施主，为各个之情况而做
了经忏、回向、祈祷和颇瓦法等，以其所需，一直住到新年。
在进行颇瓦法，超度的时候，曾有过顶骨裂开后头脑四散
之状。

在火鸡年（公元 1717 年）正月初一日，在我家的帐篷
中，尊者广泛举行了吉祥佛母食子法事；初二日隆重供祭

白哈五王护法法事,直至十五日之间,效仿祈愿法会,每天在依物之前供列丰盛的供品,并做敬献沐浴和广大祈愿。在那些随从里从木日寺来的募化者派遣到下面蒙古地方,又将其余人安排到五台山朝拜去了。

这正是:

坐骑白如皓月光,　美丽白足又明艳,
这是悲心所驱动,　一切利众之象征。
出家法衣所装束,　腰中金刚橛点缀,
这是显密包含教,　弘与众生之象征。
黄色无垢修行帽,　戴在头上很美观,
这是怙主殊胜教,　净弘十方之象征。
尊者左右二妙足,　大象宝及骏马宝,
善做装饰这就是,　转妙法轮之象征。
另由八辐妙金轮,　极其装饰这就是,
驾赴朝圣印度地,　及诸圣地之象征。
尊者殊胜之双手,　依次诸指三依怙,
三处三字所表示,　是证三身之象征。
尊者妙身中发出,　持戒香味仅嗅时,
消除痛苦持戒等,　六度圆满之象征。
尊者您身之相貌,　身体均匀俱齐全,
一切德相圆满者,　生次究竟之象征。
对于人及畜生类,　举行超度使往生,
弹指为号令解脱,　圆次究竟之象征。
颜如满月而饱满,　双眼美丽看不厌,

头上美发卷曲等，　身体庄严之象征。
具备四十颗牙齿，　上齿前方之右牙，
珍宝绿松石所成，　相胜他人之象征。
总之德相随形好，　一切装饰尊者身，
具足大慈大悲心，　观音化身之象征。
如此外表身现相，　内在证境所见号，
具有智慧之眼中，　清楚显示如佛祖。

言归正传。在尊者的座前，由我们的恩第比丘、阿旺伦智、夏完代、希热嘉措等都去觐谒参拜尊者。有时候尊者去上去下活动时，还是像从前以苦行僧的身份那样，单身匹马而独自一人行走。据说，在藏历二月，尊者一人乘骑一匹马朝着阿沃王的衙门方向走去。走到豪休杂克柔格期（相当于旗长的官称）拉杰的门前时，那老翁因为祈愿之故，自见尊者后，就非常恭敬笃信。白天在老人的大帐幕中饮食起居，夜间在神帐中修禅。

有一天晚上，在老者的大帐篷中，尊者与施主夫妇老人等一块用餐之后，尊者回神帐中去了。在此时，这些施主中有一位女仆，名叫拉吉，这妇女走出帐外去取柴火，忽然看见大帐与神帐之间燃起大火，她大叫："失火了！"而来回奔跑。家人都纷纷赶了过来。尊者听到呼叫声后，"哪里失火？"问了一两次。尊者走出帐篷中察看后，从火中取出一件披单，说道："是我的披单丢落在这里了。"随手把披单缠在腰上时，那火犹如彩虹般地消失了。使众人瞠目结舌。到天亮后，仔细察看时，没有丝毫火燃的痕迹。

此后,尊者把坐骑交给那些施主家的一名马夫饲养,那位马夫牵去后,有一天备上鞍子,骑上后去寻找其他的马,正行之际,忽然飞来了两只大乌鸦,在马夫的左边准备抓击,又向右边准备抓扑,做出猛力飞搏之状。他惊恐万分,急忙跳下马背,卸下鞍鞯,又抓起一把土撒在马背上,把土铺开后抚摩一番,把马放走了。

翌日,马倌回来了。尊者与檀越等人一起饮茶,一会儿尊者向马倌问道:"昨天你偷骑我的马,我从这里已经看见了。杂克柔格期有三百匹马,难道其中没有一匹马你可以骑吗? 我的那匹马,你是否可以骑呢?"马夫回答:"肯定是有人向您说了谎。"尊者哈哈大笑后说道:"你休得如此撒谎! 昨天你骑着那匹马,快要到对面河的中间时,我的两位护法化现成大乌鸦后,在你右肩上面准备扑抓一下,又朝左肩上面准备扑抓一下,我从这里已经看见。只因对你这小小的生灵,我大发慈悲后给护法做了极力的嘱托,切勿伤害你,因此你才有如此效果。"一听此言,那马夫十分伤感,哭泣合掌而说道:"上师您果然神通广大,多亏上次得到了您的救护,多谢大恩大德! 我要忏悔自己的罪业!"说毕顶礼。以前的那些施主和家属们都互相谈论此事。惊诧和祇仰交织在一起。

第二天,杂克柔格期去进见官人王爷(阿沃王),把他亲眼所见的尊者的奇异事迹,滔滔不绝地都说了一番。王爷听后甚是惊奇,便说道:"如果确实是这样,应当尊为我的供养处。"据说,当时王爷欣喜若狂。次日,阿沃王(王爷)要派以杂克柔格期为首的数名有能力的人去迎请尊者,王爷还把自己的坐骑,一匹雪白的良驹备上鞍鞯后交给别人,并一再嘱咐:"无论如何也要让尊者驾临!"尊者也按他的敦请,莅临阿沃王府时,因那官人王爷宿世积累善缘之力,一见尊者就生起了无限的喜悦和信仰,顶礼后敬献了哈达。领受摸顶后把尊者迎请到高座之上,奉献了香醇甜茶和美味肴馔。又把尊者刚才骑来的那匹白良驹做了供养。

王爷请求道:"以格格(皇帝的女儿)和我二人为首的这块地方中,请求您要做我们全体的上师,始终不能离去。尤其是您老要保佑我这小儿子健康长寿!"尊者亦已经观察到,以王爷为首的这片领土上的所有僧俗,不分贵贱,都是宿世宏愿所摄受的良缘所化有情,随即说道:"如果我居住在蒙古地方,自然就会做你们的上师,但为了成就你们所有人的今生和后世的利益,特别是保佑这位公子,那是理所应当的事啦!"那时王爷的府中有一顶宽敞精美的寝帐,还有铺垫寝具,中央收拾得很干净,这时,让尊者居住在这里面。

那一段时间里,那位王妃格格,根本不把尊者不放在眼里。某一日早上,尊者正在修诵早课的时候,格格带着太监和丫鬟等许多仆人突然闯了进来,把锦缎垫子铺叠了七层,傲然踞坐其上,气势凌人。然后格格开口道:"我是来看你这位喇嘛来了。虽然别人说你这位喇嘛了不起,可我觉得不怎么样!如果你在我面前能显显神通,我可以发誓做你的施主。假若你显露不出神通的话,在这条大路上像你一样的游方僧,经常走动,有老的,也有少的,不计其数,谁还会去尊敬他们呢!"言毕,拿出一根长长的烟斗,边吸着边观察着。

　　这时尊者默然不答,闭着双眼,继续背读着功课。此刻,王爷所收留的一位僧人送来早茶,他把茶斟到一只长柄瓷杯里后递到尊者手中。尊者把瓷杯揉捏得像稀泥一样,然后做成鸡蛋形状大小的圆球,又用双手向左右一拉,像拉绳子那样拉做一庹之长。然后又捏成一个圆球,扔向空中,那球首先从帐篷上方飞出约一箭之距,复又降落到帐篷的中央,这时依然是原来的那只瓷杯,未破未裂,杯口朝上,还装满着茶水,俨如人盛满的一样,在场的人都惊得目瞪口呆。此理如同《经》中所说:"平庸凡夫一见神通便立刻折服……"当时王妃格格一看见尊者大显法术,急忙从垫子上下来,双膝跪地边哭边按汉族的规矩磕头,并把所有的头饰和颈饰解了下来献到尊者手中。尊者说:"我是一位行脚僧,不需要女人的饰物,特别是你格格公主的饰物我更不能接受!"虽然没有受纳,但她说是为了表白虔诚的心,而执意要赠送,尊者情面难却,只好收了下来。

　　此后的一段时间里,按王爷、王妃和当地所有人们的请求下,尊者以各自的需求之法,他老花了两个月的时间做佛事,满足了施主们的心愿。这时候,那位格格也变得格外虔诚。她把先前所积攒的那些发丝环饰收集到一块,做成一个精美的顶髻,并嵌饰各种珍宝。又对缺少的地方,从头上的发辫处,私下用小刀割下一绺而补上,做成如同佛的顶髻一样。与其相配的还有五佛冠、上衣和下衣等灌顶所需物全套。貂绒大袍一件;香木折扇一对。另有铺垫底下所垫的库缎褥子一对;坐垫数个;各种大小枕头,上面饰有辫端彩绪及各式各样的刺绣花卉,花团锦簇。此外还有各种银制器具;冬夏的服装;价值数千两纹银的一串珍珠;金色锦缎;貉皮风毛,以及足登用品等。凡是高僧大德(大活佛等)日常所需要的用具都做了供养,从而成为整个阿拉善地区无与伦比的不共同的首席施主。

再说从前尊者在西藏的时候,没有受沙弥和比丘戒而延迟之时,色拉的夏饶护法的授记中说:

> "什! 一切供处此小白塔处,
> 此时此刻饰金色为妙,
> 未做彼而流浪到边地,
> 一位蒙古老翁会守护,
> 若临那地时猕猴欣喜。"

授记一针见血地道破了其中的奥妙。一位蒙古老翁是指阿沃王。

这正是:

> 怙主尊者之发心, 以及宏愿所摄地,
> 名叫阿拉善区域, 略撰此地之历史。
> 虚构之事今不写, 应按实事之情况,
> 世出世法二者理, 如其次第做叙述:
> 最初无比能仁佛, 对那象山授计时,
> 驾赴之际在此地, 莲足行走做加持。

中期圣者诸罗汉，　　　莅会中原之地时，
夏令安居于此地，　　　酣然盘桓该宝地。
当时达摩大居士，　　　诞生之地是此故，
成为十六罗汉之，　　　施主尽力做供奉。
无量光佛于其前，　　　自然而然常莅临，
为了解除他人贪，　　　牵引化现之猛虎。
智者都说圣达摩，　　　就是观音之化身。
又有持莲之化身，　　　英雄格萨尔王者，
降临这里伏罗刹，　　　石上留下手足印。
后来佛王第三世，　　　以及四世尤其是，
阿旺罗桑嘉措佛，　　　达赖尊者来此地。
另外智者都认可，　　　此地具有嗨日嘎，
本尊胜乐金刚及，　　　手持金刚之宫殿。
如此神奇之圣地，　　　叙述外观之情形，
与那象山所授记，　　　山脉是一相连接。
山面处于中原地，　　　山背是在蒙古地，
都按各自之风俗，　　　分享幸福及繁荣。
沉香阿嘎日树木　　　具有黑白赤三种。
另有桃树及柏树，　　　松树桦树和杏树，
紫檀树及油松树，　　　白檀香树茶树等，
具有多类之树木，　　　大叶三七等药树，
熄灭四百零四病，　　　功能热性与凉性，
各种药类也具备，　　　鹿及牝鹿和岩羊，
香獐子及黄羊等，　　　住于山中和平处，
野兽各类亦俱全，　　　豹子豺狼及大雕，

老鹰以及乌鸦等，　专门食肉之鸟类，
猛兽之类也具有，　金冠鸟鹤画眉鸟，
鹅鸭以及杜鹃鸟，　巢穴于山和水中，
悦耳之鸟也俱全，　此地周围有鸟山，
竹林池湖及草坪，　还有瀑布和井水，
由此点缀甚美观，　另有黄金及玛瑙，
妙翅玉和水晶石，　牟尼珍宝宝石类，
此地大多都具有，　更有自然所形成，
大自在天之男根，　罗汉尊者等圣者，
留有许多手足印，　这是汉藏蒙土地，
三岔相交之界限，　此洲四方之大道，
也是十字路中心，　无比能仁释迦佛，
以及十六罗汉等，　均所加持之圣地。
虽然称作是边荒，　其实已成中部地。
昔时释迦牟尼佛，　舍离中土舍卫城，
驾赴边土上茅城，　显示诸事俱圆满。
浊世怙主尊者您，　离开拉萨大召寺，
在此边土蒙古地，　力行佛陀之事业。
相应根性之事迹，　利众降伏鬼魅等，
通过息增怀诛业，　成熟所化众生田。
尊者犹如如意宝，　净妙瓶及成明咒，
大药王和如意树，　随心所欲满众愿。

　　言归正题。上述这些都是我等具足善缘的人们亲眼所见到的。再说这位至尊上师的相貌体形，身材不高亦不矮。无论是处在人群中，或者是跻身于达官贵人中间，总是容光焕发，卓荦英姿，气度非凡。即使身着鹑衣百结，也能胜过他人的锦衣玉带。以前没有见过尊者圣容的那些上级官吏，具有我慢心者，一旦到跟前时，变得战栗难言，战战兢兢，不敢仰视尊颜，甚至连回话也答复不上。又有那么几个人，私下打算不做顶礼，但看见尊者面容的顷刻间，都变得非常虔诚而毛发上竖，不禁热泪盈眶，将尊者的脚触于自己的头上，行此大礼。

尊者的面容十分英俊，白里透红。虽然年过六十的时候，却常现三十岁之相，偶尔也露出些年事已高的面容。头发润泽卷曲，有时候每个月需要剃一次，有时候虽四五个月不剃，也比前面剃过的长不出多少。双手过膝，手足掌心红而润泽，诸指间没有空隙，关节不露。具备四十颗牙齿，齿根齐密①。上面的前右齿仿佛是一颗尖端折断的松耳石，根子碧绿。这事尊者曾讲过："我从前小时候，在神变大愿法会上的时候，有一天夜里，玩着跳法舞，不慎从高屋顶上坠落，摔倒在石板上面，将这牙端嗑掉，当天夜里，颊部疼痛难忍，尽力向三宝祈祷后，天破晓之时，肿胀皆消退，居然痊愈。若现在这里缺少时……"那牙根常常显露，恐怕有些场合发笑时被人看到，内藏而不外露。

尊者天生就有一双丹凤眼，细看眼珠周围的时候，似乎有彩虹环绕。两耳垂肩，耳垂有孔。鼻梁略高挺直。口

---

① 佛的三十二相之一，一般很少具备这些相。

唇形美,面容英俊,气宇轩昂,一旦见到,崇敬之心油然而生,不敢直视尊颜。虽有痘痕,但往往丝毫不显。虽然已进入较高的年龄时,可手足的脉筋不显。身躯挺秀匀称。左手掌中有眼纹,右手食指端稍偏左方有一尊突起的金刚手像,眼目头发清晰可见。右手的无名指尖右侧现有"嗡啊吽"重叠字,十分清晰,可以验证舍利子的真假。如果是真舍利子时,显示此字,就可以从远处引入该字,其功能颇为稀罕。在罍浴和淋浴之时,以运气之功力使男根内藏腹中而不外露。在赤身裸体做金刚跏趺坐及双手入根本定后持风而稳坐之时,就会思维:"确有如此美妙之身!"使人倾倒。持戒的香味普及很远,甚至尊者的卧具和手中稍握过的小石子、小木块等都散发出香气。尊者曾说过:"我做乞丐,即使混迹于乞丐们当中,也被这股香气使他人生起了疑心。"尊者食蒜后,呼出来的气中没有蒜味,都似乎有一股香药味。在吸烟的时候,当吸进口内的烟吹向别人时,是一股熏香的气味等等。这一切不可思议的奇妙非凡事迹,现在在座的所有的随从有目共睹。

另外,尊者充满着大慈大悲之心,若耳闻目睹他人的生病、死亡和痛苦等,总是悲心不忍,为之流泪,还为他们消灾除障,祈祷回向等等。对此十分认真。为了他人的利益,身受磨难,力行苦行,甚至不顾自己的性命,这种种事迹,不可胜数。又,无论是远是近,或明或暗,毫无阻碍,洞晓一切。如实能谈论他人的心思。对于别人私下的议论和远处的声音,当时就能听闻,并能如实说出,毫无差异。石头上留下的手足的印迹,如同印在了泥泞上一般,具有如此无碍的广大神通。内证智慧已达高地①,驾赴外地朝圣之时,勇士空行云集,犹如印度的八十位大成就者和西藏的米拉日巴尊者那样,而远离红尘,一心修持。

此后又回到了我的庄园,以数月的时间,满足了远近各地檀越们的欲求之事。是年孟秋之月,带领数名侍从与格格联袂前往京师、驻锡于王爷的居所中。细致地朝拜了旃檀佛像②等具有加持力的一切依物。又参观如同三十三天宫阙降临到人间一般的皇宫的同时,也认真做了巡礼。

在那里,有一天晚上,尊者以神通预知,吩咐阿旺伦智和夏完代二人:"今夜不要睡觉,在我前面铺设一座位。"他二位也未睡而在等候,快到半夜时分,阿老爷主仆少数人来了,他摆出一副王爷的架子,端坐在座位上面后说:"我是来看你的,你的底细,我全都清楚。我有两句你可以任意选择的话要问,你要痛快地答复!"尊者说:"我要听你说什么,然后才要看能否办得到!"他说:"喇嘛上师! 您的来历我清清楚楚,我禀奏皇上后,您可以返回寺院坐您的原位,或者时下掌印大喇嘛圆寂后,现有正好没有上师的时候,我启明皇上,使引起重视。"尊者说道:"这两件事对我来说是望洋兴叹,我实在难以胜任。我一个远离红尘,朝拜圣地的行脚僧,就根本不需要这些显赫的诰封。"

阿老爷略微露出不高兴的样子,说道:"只要皇上的一道圣旨下来,不管喇嘛你走到哪儿去,都由不得你了!"这

---

① 指大菩萨之地。

② 雍和宫的弥勒大佛像。

时尊者严肃地说:"皇帝和殿下您二人虽然有召得我的身体,但召不了我的心识!"他哈哈大笑后站起身来行了一礼,说道:"上师!虽然您说话直言不讳,为人耿直,但日后千万别这么讲话了。假若您确实不要这些高位,那么还是明后天马上起身为好。德木呼图克图是俺的上师,他驾赴擦域还未多久,他神通广大,在临去擦域的时候,给我留下了这部经典和这只宝瓶,并托付我:'我走之后,有位法力与我差不多相等的上师会莅临这里,他就是佛王仓央嘉措。你在暗中寻访,就能寻见。他驾临这里时,你就说明这是我供养给他老人家的。将把这些供养与他。'"说着,把一部《莲花遗教》和一只瓶子献给了尊者。又说:"如果需要住几天,请您大白天里频繁地不要来回走动,我尽量在夜里来拜会您。"说完,当夜就返回去了。

从第二天开始,尊者就照他所说的那样,深居简出。阿老爷不时地晚上前往,在一个月长的时间里,请求了各种佛法教诲。据说,在此期间,额附贡保嘉和土官呼图克图①也来求得了许多教法,但其详情不知。

那时,第思·桑杰嘉措的公子第巴·阿旺仁钦、第巴·玛索才让、第巴·阿旺宗哲、另有一名公主,以及数名仲科和仆人,大约有二三十人都被拉藏汗送到了内地。有一日,尊者经过安定门进城的时候,他们正好被押行到都西门②的路上。尊者正在细看时,他们从西藏带来的一条守

---

① 第二世土官呼图克图。
② 藏文音译,是汉语。不知是西直门,还是德胜门,待考。

门獒犬，从远处就看到了尊者，便跑到尊者的面前，舔着尊者的衣襟，，摇头摆尾，显得很欢喜。尊者不由得思忖："唉！这轮回是何等的不可靠，没有首尾，茫无头绪啊！我背井离乡，已时过多年，看不到家乡的一个熟人的面孔，反倒这个痴哑畜生来到这里，显出高兴的样子，这也似乎是它心中的感受，可怜啊！"想到这里，显得甚是悲戚。从此以后，这条狗始终不离尊者，一直陪伴尊者回到了蒙古地方。后来这犬死的时候，尊者还特地为它做了超度和祈祷祝愿。

当时，第巴·阿旺仁钦等不能来会见尊者，那位公主委托一人把自己的戒指要转交给尊者，是请求做回向的礼物，这时戒指已送到了尊者手中。

又，这时曼然巴（大医师）更桑供职于太医院，患了重病，他的一位同伴是个藏人，听说阿拉善的格格有一位了不起的上师，就告诉了大医师更桑，便说："亲近那位上师，说不定也会有裨益。"遂将尊者请来，见那更桑已被病魔折磨得枯瘦不堪，不忍目睹，他连尊者的面貌都辨认不出来了。尊者也不由得伤感起来，思忖："如今他也完全不认得我了！"尊者向他家的仆人们说："你们关上门后，去到听不到我念经的地方等候，我要给他做禳解病魔之法。"仆役们退出后，稍停片刻后，高声呼道："更桑医师！你不认识我了吗?"他是病卧着的人，一下子听出是尊者的话音，突然爬了起来，端详了一会儿尊者的面容后，就像断了根的树一样，俯面倒了下去，昏迷了过去。尊者急忙把供奉的圣水洒在脸上，好不容易才有了呼吸。更桑医师道："我根本

考虑不到您会成为如此！以为您真的在驾赴内地的途中
示寂了。我日夜六时在为您祈祷。我这病是因过度悲伤
所致，所以才得了心积水病①。对凡夫俗子来说，您这样各
处漂泊，还不如仙逝为妙！可是燕雀安知鸿鹄之志，圣人
的妙行，超越了凡夫的心境，这只有您自己知道！"说到伤
心处，不觉声泪俱下。最后总算清醒过来，复请求尊者为
他的今生后世给予关注和消疾除魔。并为酬谢，供养了十
两黄金、一具中原的香炉和一条哈达。

　　这正是：
　　　　支那土地之京师，　怙主尊者驾临时，
　　　　深居简出虽密行，　则像太阳无法匿。
　　　　尊者威名百飞幡，　随风普及于十方，
　　　　地位显赫良臣等，　悉成您的大弟子。
　　　　昔对更登智华尊，　具有神通之上师，
　　　　曾经预言在内地，　尊者怙主其诞生，
　　　　为了藏土弘圣教，　度化有情无闲暇，
　　　　如今特思来此地，　或是宏愿力中临。

　　言归正传。此后在狗年(公元 1718 年)春天，与格格
一同返往阿拉善，在我的家乡驻锡了两年左右。在鼠年
(公元 1720 年)五月，官仆数人前往青海广惠寺，以却藏仁

---

①　藏医所说的七种心脏病之一。

波切①为首,各寺院都进行了非常隆重的恭敬供养。并请
求尊者到大经堂的大法会中央就座,尊者对却藏仁波切
说:"我的帽子没有拿来。"于是他把自己所戴的一顶精美
的崭新尖帽献给了尊者。尊者头戴这顶帽子驾临法会中
央时,恰遇一位虔诚施主供养斋茶,请求回向事宜。将诵
到第思所赐的结合六波罗蜜多的较广的回向辞时,尊者的
语音如同真正的梵音一般,因此全体僧众流下了热泪,而
为之倾倒,引生清净的信念,并向尊者请求结法缘,尊者为
全体僧众讲解传授了《菩提道次第摄颂》。僧人们相互议
论,诸如尊者的体态容貌、语音等的功德,而赞不绝口。还
说,特别是这位尊者流落到这偏僻地区,真正给我们带来
了福分,这是我们的荣耀!

　　从此以后,尊者成为广惠寺的全体上师僧众供养的对
象。以却藏仁波切、玛大成就者为首的大喇嘛(大活佛)等
都前来请求各种教法,彼此间胸怀坦荡,以及虔诚誓言连
在一起,因此使一条天道黄金的金刚绳索紧紧地相连着
他们。尊者在金刚座上前中后三时不断地转妙法轮,而
这种伟业亦永远没有终止。

　　光阴荏苒。快到北返的时候,却藏仁波切等恳求尊者
驻锡到来年再走。当时至尊夏鲁瓦罗桑华丹是尊者的主
要金刚弟子,因此成为首席弟子。能与至尊米拉·雅白多

---

　　①　是青海省互助县却藏寺寺主。

杰①和热穹·多杰扎华②师徒相媲美。

又，那时在广惠寺的辩经院中，有一尊很有加持力的观世音佛像，尊者为其献沐浴法事时，这尊佛像却大汗淋漓，并且抖动。却藏仁波切问道："此为何故？"尊者回答："大概是辛苦了！"众僧甚感惊诧，而大惑不解。这是预示了兔年(公元1723年)的动乱③。

冬初之时，尊者驾返阿拉善，种种所行，一如既往。当时地处喀尔喀和鄂尔多斯等边地的百姓几乎都听闻到尊者的大名，为此，从蒙古地区来朝拜的人逐渐增多了。

次年，即牛年仲夏(公元1721年农历五月)，尊者复返到广惠寺的时候，全体僧众仪仗排列，秩序井然，恭候迎接。相迎其间，护法眷属等鹄立于仪仗队的前头而做迎迓。此次的重视和侍奉等盛况空前，不可思议！尊者一心为圣教和众生的利益，毕生而忙碌奔波着。

那个时候，嘉荣旧寺④是广惠寺的属寺，因此该寺中的上师由广惠寺委任。通过石门旧寺的长老们商量，取得一致的意见后，前往广惠寺，向各大喇嘛，上师禀告，请求：

① 即米拉日巴尊者。
② 即热穹瓦大师，十一岁依米拉日巴尊者学法，是尊者的大弟子。往世于1083年~1161年。
③ 指清朝雍正元年，青海蒙古清王罗桑丹增反叛清廷的事件，这次事件中有很多的高僧大德、僧人、活佛等无辜者遇难。
④ 汉称为石门旧寺。石门旧寺位于今甘肃省天祝藏族自治县石门河沟12公里处，1723年毁于战火，废墟尚存。

"尊者要担任该寺的上师。"却藏仁波切和其他的喇嘛上师们说:"这位上师可是与众不同,希望你们请求尊者本人吧!"之后却藏仁波切也请求尊者担任上师,并认真说明了预言方面的有关必须任上师的经过,尊者还是没有答应。

又,石门寺僧人向尊者再三祈祷请求下,正好这时尊者的视觉中突然出现了石门寺大殿内供奉着一幅吉祥佛母唐卡(唐嘎)像。这幅唐卡像原来是切央嘉措化身①亲自绘成的,是从扎西伦布寺的圣物中偷来后供在该寺的。当时尊者忽然看到那吉祥佛母手里的宝剑的蝎子剑柄,蝎足在哑哑动弹,因此一时走了心神,便随口对众人说道:"当然做你们的上师!"片刻,又问他们:"我刚才给你们说了些什么?"众人回答:"您已经答应要做我们的上师了。"尊者问道:"那么,你们的大经堂内有幅吉祥佛母的唐卡吗? 她手中有什么?"他们对自己供奉的唐卡末曾留意,因此回答不上来。多数人说:"是短厥。"尊者笑了笑后说:"对自己所依供的唐卡不仔细瞻仰,那不是短厥,而是一把用蝎子做柄的宝剑。我因被那蝎足簌簌跳动所吸引,心不在焉,所以才顺口答应了。既然这样,你们先回去,等我在仲秋月初从这里动身去那里就是。"众人欣喜若狂,顶礼后返回去了。

此后在广惠寺住了一段时间,于仲秋八月初三日,驾赴石门寺。在离寺数日的路上,石门的接迎仪仗已到。

---

① 是四世班禅大师的弟子,西藏著名的画师。

队伍中以广惠寺的喇嘛上师们为首的长者,还有抓弟囊索、祝贡囊索和唐仁的高阿化身①,以及石门囊索所代表的六部落、十三座寺院的一千五百多名骑士,浩浩荡荡前来迎接。

以前,囊索(职务)桑宝坚参为迎接五世达赖喇嘛时的一顶特大的布帐篷,在安多地区视为稀有的宝物,此刻亦支架起来了,将尊者迎请到里面,隆重设宴接待。当时,众人操安多方言七嘴八舌地向尊者禀道:"从前石门六部十三院来到这里时,全知五世达赖喇嘛驾赴京师,那时我们十三院之一的囊索桑宝坚参特意为五世佛王缝制了这顶大布帐幕,五世达赖法王驾临这里面,对乡里的所有集会者赐给了世法和出世间法,而满足了人们的愿望。当时我们石门人觐见供养的礼物有囊索桑宝坚参奉献的三百对像骆驼般的大白马匹,浑身雪白,耳朵的毛色却与众不同,一对对备当得甚是整齐。当时藏、蒙、汉三族颇为惊奇,那时也是在这顶帐篷里进行供养的。当年的五世佛王也和尊者今天一样,大驾降临。黄金的磐金降到了我们的门前,我们的确具备了善缘啊!常言道:'搅粥棍受累,木勺子享受'虽然西藏十三万户遭到厄运,但是太阳在安多地方升起来了⋯⋯"如此喋喋不休。这时尊者道:"你们切莫说长道短!只要按我的吩咐,无论是世间法还是出世间法,尽力去做,我也会力所能及地做有益的事情。"随后,老

---

① 化身俗称活佛。

的少的都参加赛马、角力,兴高采烈,遂将尊者迎到寺里去。

在十三日登寺院的宝座时候,出现彩虹,从天空中传来鼓声等种种瑞兆不一而足。安多各地的人们议论纷纷,惊奇不已。当地的汉族商贾们也说:"这是个真正的大佛爷,天鼓响了!"而赞不绝口。

尊者当时走到吉祥佛母的唐卡前面说到:"你们说佛母手中有短橛,在哪儿呢? 这不是一把用蝎子做柄的宝剑吗?"说完,端起带有长柄的一杯新茶呈献给佛母口中,结果一滴也没有撒落在地上,全部进入到佛母口内。众人目睹这一情景,对尊者的先知和不可思议的神通更加起敬并做随喜,三业信仰变得更为虔诚。

有一位名叫秀自仓的老法师,已获教证功德,是前一世章嘉·阿旺切丹大师①的及门弟子。尊者将他任命为辅佐僧。并对他说:"今年我俩还得去一趟蒙古,以后虽可以在这里留居,但要看以后②事态的变化了。"尊者虽然这样说了,但其他人未曾留意。

那时,在这里一直住到冬末,北返(去阿拉善)时有许多人马队伍护送。走到石门(般)的地方③时,尊者收缰勒马,上下各处瞭望了一会后,嘱咐道:"以后我就在这里创建寺院,在这里修建府邸和大经堂。到那个时候,你们也

---

① 即章嘉国师的第二世。

② 预示第三年1723年的事端。

③ 即甘肃天祝石门新寺前面。

在这些地方修建自己的寮房。"众人心想:"寺院不是已经有了吗?何必又修新的寺院呢?不知为什么……"虽诺诺连声,但对尊者当时的预见毫无所知。然后尊者又对嘉毛尕居①说:"后年会大难来临,特别对你降临恐惧的时候,我会来到你的身边,到时你做祈祷!"嘉毛尕居说了声:"遵命!"之后由秀自仓等长老侍伴尊者前往阿拉善而驻锡。

兔年(公元1723年),青海湖畔丹增王②被邪魔作怪,鬼迷心窍,因为与大皇帝抗衡,所以以广惠寺和佑宁寺为主的很多大小寺院,均遭到中原军队的焚烧。以却藏仁波切为首的很多高僧大德罹难。大批大批的僧人被杀害。当时,这场灾祸波及石门旧寺,在同年秋季遭到焚烧。

那时嘉毛尕居骑着一匹马,逃到寺后的一座山上,把马拴在一棵树上,自己正打算跳崖自尽,这时耳边响起尊者的朗朗声:"嘉毛尕居,快逃,快逃!"他上下看了一下,见背后一块磐石上有一只大乌鸦,嘎嘎叫了几声后飞去了。他陡然想起了尊者以前的预言,知道上师化现成大乌鸦来这里的。再望下一看,那些中原的士兵好似烟雾弥漫,弥天盖地而来。他按尊者的嘱咐遁逃,终于逃了出来。

这位嘉毛尕居以前在西藏的时候,曾任过噶丹寺的长老之时,尊者驾赴噶丹寺,要朝拜宗喀巴大师的金身宝塔,因当时年幼,这位尕居将尊者托起,使尊者能够头触拜金塔。故有这样一段经历。后来又亲自目睹怙主宗喀巴上

---

① 石门旧寺的一位僧人。尕居是学位名称。

② 史书中一般写作罗卜藏丹津,蒙古族,为固始汗之孙。

师肉身的良缘,所以有如此好的果报。

这正是:

> 无量宏海所摄受, 良缘有情之莲园,
> 多麦地方兴盛时, 犹如金蜂而旋绕。
> 深广妙法之精髓, 蜂蜜本性甜教法,
> 弘于自他之心中, 如日中天广普照。
> 尤对佛教日后事, 洞悉无余做授记。
> 亦已多数有情众, 心中成为大丈夫。
> 对于佛教能洞察, 将会产生如此事,
> 因此行持诸苦行, 谁能衡量此妙行。
> 倘若具有智慧时, 这位圣者从西藏,
> 驾临之义与目的, 此时比较便可知。

言归正传。是年夏季之时,从喀尔喀①地方,圣教之日光、达日那他大师的化身、前一辈至尊哲布尊丹巴②特意派遣一位印度的阿杂热(行脚僧)来见尊者,献上数件礼品,并呈上一封盖印的亲笔信。行脚僧所说的与信中写的完全一致。信中主要说道:"如今我年事已高,老态龙钟,对于行持教法众生之事,力尽神危。在我有生之年,祈求大驾务必光临此地,我的寺院和政教的一切事务,均献赠予您手。这事我已向喀尔喀七部的大小首领做了妥善的嘱

---

① 即今蒙古国。
② 蒙古格鲁派最大的活佛。

托(安排),也已奏明文殊大皇帝驾前,推荐尊者担任喀尔喀全境有情的怙主和救星。此前对这方面的事情,本想派遣一位蒙古信使甚合此理,但因我们蒙古人大多是缺乏敬畏警惕的,很难信任,所以特派这位印度沙门。"

尊者本来就对哲布尊丹巴大师十分敬信,因此接到书信后非常同情,并把哲布尊丹巴大师的历辈事迹等,其他人未曾听到的情况等都讲得很翔实,留下了悲泪,并合掌道:"这次怙主哲布尊丹巴大师的书语虽然含有深意,这是不可置疑的,但我自幼时已远远舍弃家乡和一切教政事务,是一位踽踽独行,萍踪不定,浪迹天涯的苦行僧。对他人的寺院和教政的重担,实在不胜其任。"

因为尊者十分精通印度乡音,为了使跟前的众人不能听得出,便用印度语与那位印度僧人细致地、长时间地交谈起来。之后,准备了向哲布尊丹巴大师赠献的礼物,并修书一封,内容与上述相同。最后打发走了那位印度的阿杂热。此后不久,便听到了哲布尊丹巴仁波切圆寂的消息。当时,尊者无限伤感,悲泪纵横,伤悼不已。

这期间,阿沃王离开宫殿①后回到了自己的家乡,又来拜见尊者的同时禀道:"去年我去京师的时候,喀尔喀的车臣(斯钦)王也到了京都,我与他一起聊天。有一时,也曾许下他们有一位公主与我们的贡保加缔结姻缘。今年为此事我得去一趟,向阁下您禀报一下。另外,当时那车臣

---

① 北京的宫殿。

王对尊者您的事迹早已耳闻,对尊者有坚定不移的信仰。这次也再三地嘱咐:'您来我们这里时,务必将那位上师也邀请过来! 无论如何,您福田与檀越二位大驾一同莅临!'"做了详细的说明。尊者说:"借此次因缘,顺便为了报答怙主哲布尊丹巴大师的恩典,非得去瞻仰供养一下仁波切的灵塔不可。"

　　龙年(公元1724年)藏历夏月月初,施主福田联袂前往喀尔喀,到达大库伦①时,以那里的香佐(大管家)为首的驾前首要人物带领庞大的队伍较远处前来迎接,对尊者的侍奉是无与伦比的。迎接到库伦大召寺后,几千名僧侣仪仗行列,甚为庄严。尊者亦向哲布尊仁波切的灵塔进行了广泛的献沐浴佛事,并举行千供和祭奠法事,颇为隆重。

　　当时,又把尊者请到一顶硕大的帐幕里面,全体僧众集会为尊者祈祝莲足永住(健康长寿)仪式。此时,原广惠寺的维那师(领诵师)正在这座寺院里担任维那之职,从前他也是尊者的一位不共(出色)弟子,特别是他来此边远地方,哲布尊上师(仁波切)却又很快圆寂,使他悲痛万分。尤其拜见尊者时,心中悲喜交集,禁不住泪流满面,他用雷鸣般的超群绝伦的嗓音诵起了《佛王遍主颂》,在献广仪曼札的时候,由于他的声音訇然作响,竟然把曼札上先前的堆物②震得散落下来,将最后的一堆谷物总算置于曼札的中心,然后献给了尊者的手里。尊者也这时显得悲喜交

---

　　① 今蒙古国首都乌兰巴托市。
　　② 供于曼札上的谷子等物。

集。之后,尊者向全体僧人传授了《兜率上师瑜伽颂》的传承,并摩顶赐福。第二天去了车臣王那里。

这正是:

> 圣者不会谤圣者, 反而彼此赞功德,
> 这是主要学处事, 佛祖再三做赞颂。
> 怙主哲布尊丹巴, 洞悉尊者内与外,
> 一切事迹妙功德, 颇为虔诚而恭敬。
> 譬如精于相术师, 或者是其之弟子,
> 察看君主之殿下, 未言则会便知晓。
> 同样哲布尊大师, 我等众生此导师,
> 无与伦比证悟境, 未言也会知一切。
> 为此对于二尊者, 虔诚敬信与我们,
> 从今直至菩提间, 永不分离愿摄受!

言归正传。到了车臣王府地方时,以车臣王为首的许多大小官员从远处前来迎接,将尊者和阿沃王等福田施主一同迎请到一顶大帐篷里面延纳,荤素佳肴美馔等都陈列上来,举行了盛大的喜筵。尤其对尊者的虔诚恭礼难以言表。在一个月长的时间里,传授了数位本尊的随许法,此外,做了为他们所需要的佛事,满足了各位施主的心愿,笃信及恭敬之心更为增长。

当时,正节军和巴特尔王等人年纪尚幼,因此虽然没曾听说尊者为他们做过什么事情,但车臣王为这几位公子的今生来世的佑护做了至诚的祈请,并请求特意为他们做些法事,尊者深切关怀,成全其愿。施主们也为尊者献了寿礼等,甚是丰厚。这里没有必要抄写礼单,加之文字冗长,故从略。

这正是:

> 宿世亲近诸上师,　尤其恭礼诸佛祖,
> 具足良缘众檀越,　有情之中最极妙。
> 怙主您为利众事,　不辞劳苦而奔波,
> 尊者您对诸有情,　慈悲摄护不知累。
> 上人至尊丹巴师,　虽邀尊者赴库伦,
> 时机未到未能临,　故您此后做报答。

言归正传。藏族有句谚语:"对于英雄格萨尔王,不同传说十八种①,人人口中抒己见。"尊者也以神通驾临喀尔喀七大部落、四十九旗、道劳干诺尔(七个湖)等诸地。同时又到每家每户,给有些人祛病袪魔、为个别人赐依止物、向少数人赐予自身法物。此外,在有些地方抚养幼儿,局部地方做佛事,部分区域做超度亡识等等,以何事得度,照其所行。此诸恩德事迹,上述诸地的男女老少、僧俗信众,大多数有口皆碑。

这是身功德的不可思议的事迹,因此若写成文字,就比《甘珠尔》经典还多。如果一一阐述,唯恐凡夫俗子难以

———————————

① 　各种各样的意思。

接受。类似事迹在玛嘎达桑姆传记中说："世尊在甘蔗城的十八条大道上，于同一时间内驾临现十八身。文成公主抵达拉萨时，在同一时间里莅临拉萨的四方。

米拉日巴尊者在同一天的同一时间内驾赴数百户门口之际，那里的人们说："今天是从我的门前走过去的。"又有些人说："是从我这里经过的。""不对，来到了我家里。"相互辩论，众人聚集在一起，都说的是同一时间内来临的。

应当懂得，那些圣者的事迹，都是神通的所现。我们的这位尊者的事迹，如出一辙。

有些人不知其中的奥旨，除了车臣王邀请之时，尊者驾赴喀尔喀地方外，无去其他的说法。因此误解后，上述诸地的人们认为："各自讲解尊者本生传记者，捏造为过失。"这种想法是不必要的。如大威德的迎请颂中说："犹如水月特缘彼中现，今此邀请驾临之本尊。"如同颂中之意，应当得知，这里讲述的道理也跟这完全相同。

这正是：

> 世间平庸凡夫众，　却被二障所遮盖，
> 只把眼前能见色，　一切当作是真实，
> 稍微远处诸情景，　心中生起踌躇时，
> 对此无与伦比尊，　三密宝藏怎可知？
> 为此若欲彻底地，　细知此等难解事，
> 理应精进来修持，　除二障之妙资粮。

言归正传。动乱以前做了很多授记，参阅其他文献便

可得知。有一时,做了一次稀奇的预言,是这样:

"无知以为知者,　切莫以妄为实,
同样自己耳根,　闻到此声之时,
察知权势名利,　如种稻谷庄稼,
若未寒霜冻坏,　不受冰雹损害。
对于谷子之堆,　各自若有我执,
是否已到我执,　莫执枯不堪骨。
不存鸡犬食疑,　时之刹那闪电,
从那北方电掣,　东方雷鸣隆隆,
西南方隅听到,　家鸡鸣叫出错,
夜半起床之人,　勿行恐怕坠落,
应与适时而行,　瞻洲自在之王,
雄狮大象座上,　乃与日月同辉,
照亮庄严一切,　红莲宝石串珠,
戴在项上之际,　光芒射向大海。
大海取宝之众,　大海上的蒸气,
升向虚空之中,　白而又白闪烁,
空中彩云密布,　众生所见彩云,
普及整个虚空,　刹那消失青天,
虽像大海之色,　降下暴风骤雨。
整个大海翻涌,　清澈混浊之分,
谁都难以断定,　白哈尔王雄狮,
狮鬃长得甚长,　鞍辔备装已毕。
白光甚为庄严,　身着犀皮铠甲,

严骑雄狮之上，　　大神年青唐拉，
据说骑于虎上，　　大神雅拉显宝，
手持九股金刚，　　昔时莲花大师，
霹雳猛利金刚，　　付与白哈手中，
征服所有鬼魔，　　天龙八部为仆。
妙音佛母之仆，　　真实观察授记，
未显使其显明，　　吉祥佛母威力，
木列从今甚盛，　　黄色坐骑骡子，
整张人皮覆盖，　　备着人首鞍辔，
脖持鳞文板器，　　严骑骡子之上。
疾袋口绳松弛，　　彩色线团散开，
黑白股子鳞板，　　显向福分之众。
油子中制板图，　　年限清晰图案，
或是其之怨蜮，　　病袋彩线团股，
掷向一切暴众，　　聚集天龙八部，
总结黑白股子，　　共有十八图案。
击败暴虐怨鬼，　　白哈五王欣喜，
勇猛胜过雷霆，　　四季天女眷属，
威力与日俱增，　　中天日月之光，
照亮黑暗诸洲，　　尽力护持圣教，
祈愿众所周知，　　我以诚恳信仰，
内心深处祈祷，　　玛索白哈五王，
助伴热合拉尊，　　至尊妙音佛母，
仆从地母眷属，　　心住寂怒之时，
对那无稽之谈，　　不屑一顾宽恕，

万望护持此事。"

将这稀奇的授记之语,抄录于该传记中,似乎有些错别字,由于不便改动,还是依照原来抄写的书本作为蓝本而撷录于此。

先辈大德们口传:尊者的这一世要修建"三荣"寺院,曾有些授记。尊者在西藏大寺院的时候,曾修复了荣·俄莫寺和荣·轩庆寺①最后在安多要修建嘉荣寺②一事,在《噶丹问道录》中曾授记:"有些化身驾赴中原,中间地区、翼地。这些由仁钦萨瓦所加持,显示佛王来源。示现许多化身。口窄谷宽,如同莲花座上,诸多化身放光。那些圣者的事迹后来会清楚。他也在鸟面之时莅临,而做了预言。后在'札'地之寺中迈老六十,摄护众生。出世的殊胜圣者在五辈之上。曾说来一孩童后最后获胜。善士说:那一切都很清楚。说孩童者,行至那地者是我佛王来源。噶瓦说:善士也多,当时,那位化身能知恒河千河之十六恒沙③,对此,洞悉无遗,却愚痴者对此做了二位。天尽日不显明而后来显明十六。撒向恒河之河间。使害人魔鬼所致。另外,一位装模作样侍奉的人,将个别似是而非者渗入其中,会产生二争端。善士说,此等很难产生,其实是指本生与切莫说长论短。那时的身世是从火之种子中形成

① 荣·俄莫寺,寺址不详。荣·轩庆寺有两座,均在后藏。
② 即甘肃天祝石门寺。
③ 多得不可胜数之意。

血统。行持河法者甚为广大,尤其是倾于诛法的修习,是魔军及暴戾者难以忍受之种姓。使其虽引生许多争论,但自己不会失败。"

上述内容是以尊者最初驾赴中原起头的。"中间地区"是指北方;"翼地"是指右翼与左翼的南边地界更嘎瑙的地方,"这些是由仁钦萨瓦"一句表明尊者的名字中有仁钦,就会清楚地知道之意;"所加持,显示佛王来源"此处勿与仲教巴之名相混。所加持之这位化身,当时,人们都称呼为佛王仁波切①。上面已说毕的那个地方,这位佛王驾临后又去向其他区域之意。而显示了其意。

"示现许多化身"以当时驾赴开始,示现如此化身,在中土和边土(偏僻地方)所有地方行做不可思议的事业,这一切完全是为了众生的利益。

"口窄谷宽,如同莲花座上"这一句说明了石门寺闻思昌盛洲为主寺而居住于此。其寺址之口非常狭窄,里面豁然开阔。寺址的地形犹如莲花之瓣②。

"诸多化身放光"是显示由此化身开启无数法门之光,使圣教弘扬广大,大放光明之意。

"那位圣者的事迹后来会明确"这句话是一语双关之言。从字面上表明尊者的殊胜生年后来会自然明确,必定会有一个众所公认的时机来临。它的隐义是,尊者在一段时间里,会隐姓埋名出走。

---

① 指六世达赖喇嘛。

② 地如八瓣莲花之状。

"他也在鸟面之时莅临，而做了预言"尊者在火猴年（公元1716年）驾临蒙古时的授记：

> "即十二年之间时说，
> 法王鹏面尊者会莅临，
> 其之名号暗示虚空严，
> 远远超于九九之多时，
> 圣教如同日光广照耀，
> 四方四敌让它只存名。"

思维颂中之内容，虽易理解，但因难做解释，希具有智慧者们分析。

"后在'札'地之寺中迈老六十，摄护众生"以这座闻思昌盛洲寺之地对寺院命名，叫作嘉荣寺，即汉语称作《石门寺》。石门，藏语叫作札噶；寺，藏语为贡巴。在这座寺院尊者任寺主期间，总的方面诸有情分为六十族，或者是表示尊者一直到六十四岁之间弘扬佛法，摄护众生。

"出世的殊胜圣者在五辈之上"这一句很容易理解。"曾说，来一孩童后最后获胜"就是说，仲敦巴大师所化身的一位幼童会驾临此处之意。"最后获胜"也显示了上述预言是在最后会见效，理应如此之意。是赞美其之勇猛。这里的最后与上面二者意思相同，只是古藏语的区别。"善士说"一句很容易理解；"那一切都很清楚"这一句也容易懂得。同样之意。

"说孩童者，行至那地者是我佛王来源"说完前面的一句,紧接着说那位圣者确实是我佛王来源。在这里明确显示"是佛王来源"的缘由是,对上述佛王所来之源的"源义",应当对这顺便加以理解的意思。"噶瓦说"文从义顺。"善士也多"同样文从义顺(跟原义相同)。

"那时,那位化身能知恒河千河的十六恒沙,对此洞悉无余"意思是,那时的化身,即尊者的智慧与一切种智等同。观一切事理,没有任何阻碍,对一切显示得一清二楚之意。是赞颂尊者的功德。对此的"对"是指明,对这位尊者不知认可,当时拉藏汗与追随他的愚昧者们,除尊者外,另又寻找了一位来顶替。"对此做了二位"这一句略带有不满的口吻。

"天尽日(三十日)不显明而后来……"就是说,从初一到三十之间为整月。其中缺少了一半,即明确显示只到十六日。仅以半月能够满足之意。其中的真实含义是:如果尊者驻锡藏土,如同三十日为整月那样,对圣教也会带来圆满的教体。但从这里面产生了魔障,操纵那些愚昧者,毁掉一半后只明亮(照耀)了一半。又藏族有句俗话:"我们的官人像十五的月亮,从十六开始愈变愈暗。"以世间的常规而言,十六是月亮趋向下弦的开始。同样,鬼迷心窍的愚人们不知这位圣者能对佛教起到极大作用,却与尊者抗衡,使佛教走向了衰败。文中也表明了此理。

"撒向恒河之河间",这里的恒河是指阿木达(梵语),阿木达是甘露的名字。甘露是不放逸者。那时,西藏的愚痴者们对尊者的一方未做不放逸,却行为放荡,把尊者看作是过患。不放荡者如同甘露一般,怙主龙树菩萨说:"世尊曾说,不放逸是甘露之道;放逸者是走向了死亡的边缘。"由于没有行持不放逸之道,藏人们把尊者给放走了(逐走了)。

"使害人魔鬼所致"若被害人魔伤害时,虽然心明眼亮,但是说不出话来,手脚也动弹不得,那时候的西藏人也是如此。

"另外,一位自诩为侍奉的人,将个别似是而非者渗入此中,会产生二争端"。这一句虽易理解,但不好说出,故从略。

"善士说,直至,但自己不会失败"此中包含有其他个别事情,以及大多数是表明尊者的转世化身的种族等的授记。简言之,"那时的身世是从火之种子中形成血统"就是说,火的种子是"冉",冉中产生火,火本身是它。其之原因是,尊者的转世化身的种族是以带有火名的氏族,预言要出世这样一位圣者。这个预言是一针见血的。按藏语来说,他就是切嘉美温的后嗣①,其中就带有火的发音,这是其一。其二是:以蒙古语而言,是噶嘎斯的族裔,噶音在蒙古语中是火的意思。名字的第一个字的已得火音二者,与授记之语十分吻合。除此以外,其他含义容易理解,因此在这里没有必要解释。若觉得必要时,稀有智慧的人们,加以阐明。

上述授记中远离诽谤和虚构,非常清楚地预言了地点、

---

① 切嘉美温的美字带有火音,切嘉美温是法王祖孙的意思。是说,尊者的化身是吐蕃王松赞干布、赤松德赞的后代。

人物和时间等,与这殊胜的授记相符合,为了在石门的谷内营建新寺,尊者披挂起了具有殊胜威力慈悲的坚忍的铠甲,以勇猛无比的精进之力,肩负起利乐圣教和众生的神圣职责,将此重任看作是一种装饰后,虽然从龙年(公元1724年)开始奠祭动工,但因战火的余烟未息,又拖到羊年(公元1727年)重新动工。

由于石门河谷寺址的地方属于汉地,尊者便用数百两锭银买了下来,在那山谷里把大经堂、佛殿、府邸、僧舍等各个基址尊者亲自规划妥当,还给每个殿堂、拉章、僧舍起了名字。首先盖了些大小不等的石瓦房子,从上下收容了失散的五百多僧人①,就在这时候,由于岔口驿的那位汉族官员权高势重,他不让建寺,今天砌起来的石屋,明天号令拆掉,明日砌的,后日又拆了。这正像俗语所说的那样:"百日盖殿夜间推,山石全部下平川。"

正处于这种情况的时候,岔口驿的这位不信佛法的旧官员离此他往,代兼执事的是一位笃信佛法的汉族官员。尊者给他赠送了良马数匹,白银数秤,并说明了原委。此官道:"我在这里大约住三个月,你们尽量在这期间将佛殿等建成,倘若逾期,那位旧官到来的话,我又要去他处,所以他会如何处理此事就不得而知了。"为此,召集工匠建造佛殿,所有汉藏人员夜以继日的赶修。在该殿内特为皇帝的长寿以及圣教和众生的利益,雕塑起了一尊高大的弥勒

① 著名的石门寺后来发展到八百多僧人,在同一时期内出了八十多名格西。

佛像。眷属有八大佛子、马头金刚和金刚手菩萨，高度都超过人的身量。另外，周围还塑造石山等景色，非常美观。颜料、镀金和装藏无不俱全，然后举行了隆重的开光典礼。正当名为"嘉来嘛"的这座佛殿刚刚落成，初成寺院的样式时，那位旧官史回来了。他带许多汉兵来寺院，把弥勒佛殿顶上的瓦揭下来扔的时候，尊者双膝跪倒在那官员面前，把那以千百福德所修来的头颅触及地上，反复顶礼，再三悲求，因此，那汉官才未拆佛殿而归，总算保住了弥勒佛殿。

那一天，所有的僧侣都无比苦恼和悲伤，说道："若不是这位圣人特意驾临这里，对我们而言，为圣教和众生所负的担子不知多重？"再说那位汉官当天返回塞堡后，立即九窍流血猝死。人们都说，他承受不住圣人跪拜的缘故。

这个时候，文殊大皇帝传下了圣旨，原先被年总督（即年羹尧）所毁掉的大小寺院全部退还原主，一律按个人的想法去修复。批复文一到，岳将军（即岳钟琪）将一切寺院重新修复。仰承大皇帝的慈悲，佛法又如同日照中天般地明亮起来，就像佛教的后弘再现一样。那时藏族的地方又呈现出一片稳定的景象。旨意中也准许石门地方重新修建寺院，各处的寺址上又开始修复寺院了。

狗年（即公元1730年），清军征讨准噶尔时，岳将军邀请尊者到凉州府①，为汉满全体官兵举行佛事活动。为了

---

①　也许是兰州，因原文为汉文字音，待考。

全歼敌军,数百名骑兵手持兵器排列左右,杀气腾腾,威风凛凛。尊者在这军仪当中作法七日,奉颂战神仪轨,并向敌方抛掷阎摩敌法王的驱魔食子。当时,将军和士兵们向尊者献上了银元等丰厚的酬礼。

从此开始,又筹建规模宏大的大经堂,数年后竣工。乾隆皇帝在位八年时,僧舍、佛塔、甚至本康[1]等全部建成。用五千两银子从皇帝库中请来了《甘珠尔》和《丹珠尔》经典。修建大经堂花去银子七千两。另外,长垫、宝盖、幡、幢等一切费用,均由尊者自己出资办了。

以尊者为首的二百零五名僧侣的度牒也颁发下来了。原先旧寺里的时候,康熙皇帝赐予尊者为首的六十八人的顶冠及二百零五人的钱粮俸给等也得到了恢复,并发放了下来。对尊者俸银三两,其他每个人俸银二两五钱;尊者的俸给净粮为三"嘉"(一数量名),其余人为各两"嘉"。因为当时建寺者的名字为"大宝喇嘛",所以在度牒中也把寺名赐为大宝寺。

这位尊者上师一心是为了佛法和众生的利益,也为了文殊怙主三界法王宗喀巴大师的清净自宗教法得以护持弘扬广大,更为了文殊大皇帝政教合一的江山社稷繁荣昌盛,仰仗此而生活的汉蒙藏百姓为主的一切有情,为了使他们引置于幸福安乐之处,修起了这座大寺院[2]。

---

[1] 装有十万小佛像的小佛殿。

[2] 原文的"切代钦宝"是大寺院的意思,这就足以证明这时候的石门寺已经规模宏大,形成了一座大寺院。

寺中四季的法会和辩经院的规律等皆依西藏哲蚌寺郭芒扎仓的成规执行。密宗方面按拉萨下密宗学院的方式所制定。吉祥佛母等个别仪轨依照顷科杰寺[①]的程序如理成立起来了。另外,尤对教法的根本——与戒律有关的清规也做了详细的规定。后来,派遣我(作者)进藏时,尊者曾修书一封,呈与一切知班禅大师。为了事情之故,直呼尊名,即大堪布罗桑益西仁波切[②],并献上其余条款礼物等。班禅大师亲自撰写制定了大法规章程后,又复函尊者并带有事项条款、礼物等。

总计,石门寺闻思昌盛洲自雍正五年,即羊年(公元 1727年)开始营建,到乾隆八年即猪年(公元 1743 年),寺院全部告竣[③]。

这正是:

> 善慧上师之化身, 吉祥阿底峡尊者,
> 其之弟子仲敦巴, 诸位圣者曾授记,
> 怙主仓央嘉措是, 嘉吾达巴丹宝尊,
> 以及圣者贡确邦、 松赞干布之化现。
> 尤其五浊恶世时, 带有初字"札"字者,

---

① 在西藏山南,公元 1509 年由第二世达赖喇嘛所创建。

② 指班禅大师第五世。

③ 一共用了十六年长的时间才建讫。个别学者的藏汉论文中说 1731 年完工,这是没有根据的说法,或者是对年限的计算疏虞所致。

> 石门地方建寺院，　如此明确曾授记。
> 期间顺便尊者又，　巡视印度圣地等，
> 示现种种妙化身，　明明白白曾授记。
> 除此之外之事迹，　一切所行又显明，
> 对于具慧众行者，　似要觉悟明显示。

　　言归正传。又在一年，从一个名叫苏木图的地方，得到了一尊普陀观音像。这尊像是中原古响铜所铸，高度等同人身，该像十分沉重，几名壮士也难以抬起。尊者听到以后，派去了几个人迎请。奇怪那尊佛像变得很轻，放到骆驼背上迎请了过来。尊者给佛像擦拭锈斑后进行了合格的装藏，赐奉为石门寺闻思昌盛洲的大经堂内的主像。直到如今，那尊佛像常放光芒，出现彩虹等，显示着非凡的加持力，这些殊胜的瑞兆目前仍然存在。

　　雍正二年，即龙年（公元 1724 年），皇帝降旨以王爷为首的全体阿拉善人迁徙到青海居住。这时尊者暂时驻锡于包饶曲噶的地方。供居额齐纳之地，于雍正九年，又奉皇帝旨意复又迁往阿拉善，尊者有时候也居住在夏热。这期间又同时担任着东大寺[①]、祝古寺、江让寺、嘉则寺、森尼寺、红沟寺、奥措寺、夏玛寺、二嘉多寺[②]、霍尔寺、甘禅寺[③]

---

①　1956 年以前由甘肃永登县管辖，1956 年以后划归甘肃天祝县管理。

②　其中之一大概是甘肃天祝的极乐寺。

③　在青海互助县境内。

和祝贡寺等十三座寺院的堪布。玛央寺①是按尊者的嘱咐，于乾隆五年（公元1740年）由我的瓦萨切杰·阿旺伦智去后新修建的。

尊者驾赴连城大寺（东大寺）的经历是：尊者应赛什斯的一户人家之邀而前往。这事被东大寺闻思昌盛洲上师鲁迦夏仲②听到了。他对尊者的声誉处于怀疑的时候，因此便对他的兄长，即鲁土司和寺院里的众僧说道："听到明天那位大宝喇嘛应一名藏人施主的邀请，将会驾临这里。虽然纷纷传说那位喇嘛是佛王仓央大师，现在还是难以相信。以前我在西藏大寺院的时候，经常在仓央佛爷驾前谒见，尊者也对我曾赐过贵重的赏品。我想这位喇嘛大概不是尊者仓央佛爷，假若真的是尊者，我也决不会不认识。恰好有位施主也请我明日去那一带地方，我想办法在那里与那位上师见一面。如果不是尊者，我就视而不见，不加理睬，径自赶路，众僧也不必下马。如果确实是仓央佛爷，我定会头一个跳下马来，你们也必须照样行事。"而做了指示。

那天（即第二天），尊者朝那边前往，他（鲁迦堪布）朝对面而来，有意在路途上迎面相会，并带领了五十名左右的僧人相随，不久便两方人马相会于途中。他离尊者大概有七、八庹的距离时，一眼就认出了尊者的圣容，立即从马

---

① 在青海乐都县境内。

② 今称鲁迦堪布，已转世为第九世，目前在甘肃省拉卜楞寺求学深造，与我相识。

上跳下来,就像一颗断了根的树一样,倒身下拜,过分悲伤,声泪俱下,行做大礼。尊者走到他的面前,说道:"你无须悲伤。这是由于雪域藏人的福浅所致,尤其是我自己业力的显现,我才得此结果,根本用不着伤心。我虽然是这般光景,却转忧为利,反而对众生起到了不可思议的利益作用,你应当无限欢喜才对啊!"这时,他苏醒过来,向尊者敬献哈达后请示摩顶。其余僧众也上前来参拜并祈求摩顶赐福。

鲁迦喇嘛①回去以后便向他的父亲弟兄土司官人和所有大小寺院做宣传:那一位就是佛王仁波切②,这完全可以断定。并再三嘱咐:"鲁辖地方的全体人员,应当供奉为上师。"此后以鲁迦喇嘛为首的主仆等许多人前往石门寺迎请尊者。尊者也以慈悲之心前往后,去了东大寺、尕达寺、妙因寺等,对那些具有加持力的依物做了朝拜,并进行了沐浴佛事,还举行了隆重的祈愿仪式。

尊者给各寺的僧众摩顶赐福后驻锡在东大寺中,在这时,被称作藏人老龙的这位土司迎往一所叫雄巴哈寺的佛殿处,时在初秋。尊者驾临那里后,鲁家土司设汉宴款待,席上尊者却眼望虚空,坐而不动,也未用食,如此过了许久。鲁土司问道:"上师,对您供养的美食您却全然不理,只望着天空,这是为什么?您不愿意吃吗?"尊者回答:"刚才我无暇食之。"土司说:"您也没有什么事情呀!"

---

① 即鲁迦堪布。

② 六世达赖佛爷。

124

尊者说："刚才在这大河中掉进去一个卖花卷的汉人，被河水冲走，奄奄待毙。我为了从水中救那个人的性命，才花费了不少时间。那个汉人为了报答救命之恩，把一筐食物送给我，我却未受。送我数个，我又未受。送了一个囫囵的，我还是没要。最后用刀切下一半送给我，我就接受了。"说着，从怀里掏出半块花卷说："就是这个。"让大家看。鲁土司及其仆人们都感到惊讶、将信将疑。土司便派了几位可靠的人员到河边寻找。果然，在那河畔有一位汉族的青年人晾晒被河水弄湿的衣物及一筐花卷。问其缘由时，那汉族人说的与尊者所讲的竟然那么吻合。众人越发惊奇，逐令那汉人穿上衣服，连同食筐一并带到府中。土司问那汉人："搭救你的那位喇嘛是否在这里？"那汉人上上下下细看了一番后，突然间看到了尊者，他用手指着说："就是他把我从河里救起的。"使众人大为惊诧。尊者把那怀中掏出的半块花卷让众人看，那汉人也从筐中取出另外一半，互相一对，正好凑成一个整块。这一天，以鲁土司为首的僧俗，不分尊卑，全体人员都对尊者生起了坚定不移的信仰，鲁辖地方的所有人士都成了尊者的不共檀越。

在那寺中的大殿内有三座立体坛城。据说，尊者从中央一座的东门进去后从南门出来，又从南门进入后，依次从西门、北门出入。其他人连头也难伸进去的地方，尊者却通行无碍。因此，他们对尊者的信仰更加增长。

此后，因他们全体一致的祈请下，尊者登上了东大寺的法座。那妙因寺定期大法会，按照拉萨的神变祈愿法会的传统,新成立了讲经祈愿、法舞、驱鬼食子等一整套仪规。当时,由鲁土司自己亲任施主,集会僧人达一千五百人,从那以后直到现在,传召法会如同江河的流水,从未中断。那时的黑冠法舞,由尊者亲自教习。尊者又把面具法舞传授给了嘉荣大寺(石门寺)闻思昌盛洲,是依照格孝扎仓的传统成立的。

这正是:

在这浊世之衰时, 尊者您之慈悲力,
无与伦比胜他人, 特意驾临此稀奇。
凡夫俗子难生喜, 则您具有宏愿力,
通过身变之神通, 令众皆大欢喜矣。
又使诸众弃恶行, 引入神圣之佛教,
弘扬妙法之供云, 令众安置于正见。
释迦牟尼佛之教, 如今趋向衰弱时,
您已慧眼善观察, 不知疲惫力弘法。
像您尊者大菩萨, 这三千界也稀有,
三界之中无匹敌, 虔诚向您恭顶礼。

言归正传。雍正皇帝十三年,尊者派遣我托云阿旺伦智达杰(作者)去求学,临行时嘱咐:"去西藏后要好好学习,在全知班禅大师台前受沙弥戒,也要受比丘戒,可这要按你的实际情况决定。你以后返回的时候把以下法物带回来:一尊弥勒佛金身像,高三肘,带有狮座靠幔,以各种瑰宝装饰而造得非常精美;此外还有三十一尊佛的如意宝树的唐卡一帧;纳唐版《甘珠尔》经典一套;至尊宗喀巴大师本生唐卡十三桢;尼泊尔所制的响铜大供水盏一百只;维那师和掌堂师所穿的斗篷,以及尖帽①百顶左右;这些都将来有用。"说毕,赐给我纹银一万两,以及马匹、骆驼等路途中所用的装备一切俱全。

　　龙年(公元 1736 年),应准噶尔白斯(职务名称)南嘉多杰之邀,当时,驾赴鄂尔多斯扎西曲林寺院。尊者说:"这里以前没有三事仪轨②的传统,从现在起建立为妙。"当时就成立了结夏安居仪轨。自此以后,鄂尔多斯准噶尔杂萨克建立起了三事的仪轨。

　　那时,扎西曲林寺的护法丹坚十分凶恶,众僧不时地受其毒害。尊者为之系了一个加持咒结,并呵斥此护法,凶狠也随之平息下来,众僧的听经说法的佛事也甚为隆兴。扎西曲林寺在那时约有三千名僧人。

　　马年(公元 1738 年),我(作者)从西藏归来,按照尊者的嘱托,完成了一切任务。我把法物都献给尊者时,当即将以弥勒佛像为主的《甘珠尔》经函等新到的所有依止物迎请到佛帐中去,并立刻整齐地献上了供品,进行了广仪沐浴法事,尊者显得非常高兴。尤其是对那尊弥勒佛像更加珍爱,便说道:"现在好了! 我也在这里对意(指佛塔)的依物方面,已经完成了一座菩提塔,高于人身,是以纯银建造的。另外还有一对镶金的白海螺、伞盖、幡幢等

---

　　①　俗称鸡冠帽。

　　②　长净、结夏安居和解制三事。

从京师请来,有些是本地置办的。如今一定在这蒙古地方建立起祈愿神变大法会。"随后,对诸供物装上了合格的藏物。结合修供仪轨,按《善德海降雨》仪式而举行了开光。

土羊年(公元1739年)在阿拉善创立了如同拉萨一般的祈愿传召大法会,直到现在依然如故。后来又建立了面具法舞。有时候还举行依止胜乐、密集、大威德金刚三尊的彩纷修供仪轨。期间尊者嘱咐我:"日后你要建立隆重的修供仪轨!"后来尊者按照定期举行的大法会,依止胜乐、毗卢遮那、大轮金刚手、观世音和大威德等本尊的彩粉的盛大修供。这就是现今所说的夏季祈愿大法会。

鸡年(公元1741年),以额尔克切杰为首的众施主敦请尊者。那时鄂尔多斯准噶尔总管全体人员邀请,凡是他们请求的所需佛事,尊者基本上都传授做了,使满足了施主们的愿望。当时尊者为纳饶班禅授了居士戒。额尔克切杰以他自己的寺院为主,向尊者供养了千两纹银和一百马匹等丰厚的礼物。另有大小官员,不分贵贱,数万信众做了供养,虽然有如此广多的供物清单,但因恐文字过多,故不赘述。

此后,白拉·埃智嘉措延请尊者,他万分敬仰,供养无限。捐供物虽多,但由于文字冗长,不再细说。当时在那里有一厉鬼,变成人的模样后,谁都无法降伏。尊者写了一张"切毋荼毒任何生灵"的令文,做了安置。后来那个厉鬼自然无声无息了。因此,檀越们对尊者的虔诚之心尤为增长。

尊者成为喀尔喀地方的美更白豪王、切排总管、唐莫公、昂钦嘉公、先辈洪格尔总管等官人的福田。托尔古特丹江白拉也成为尊者的施主。

另外，尊者驾临安多后，为了圣教和有情的利益，比其他圣者显示殊胜的神通，针对不同的教化者，用不同的方式加以度化，此等妙行甚多。诸多石上留下足印、手印；以神通力渡过大江以及隐身法术等等，不胜枚举。

此外，前文中未曾说明的一件事情是：尊者驾往印度的时候，有一日，孑然一人行走之际，从远处就能看到，俨如山脉的一条毒蛇挡住了去路。尊者施展神通，飞越而过。这事尊者曾给嘉才官人说起过，我虽有点耳闻，但后来忘怀，再没有详细请问。

此后，每年在尕达小寺中闭月关两三次。有一天出关后，在普贤菩萨殿的山岩顶上，尊者对格仁巴果噶和嘉毛噶居等许多老少随从们说道："今天我从这个山顶上用袈裟做成翅膀翱翔在空中，你们看不看这种游戏？"那些年轻人喜欢热闹，都同意要看。但是格仁巴和嘉毛噶居却顶礼禀言："现在不必这么做，尊者纵使不飞，但对您的凌空飞行，我们丝毫不产生怀疑。从前尊者化成大乌鸦，从蒙古地方来到了石门寺，搭救了我的性命，这就已经很清楚了。"嘉毛噶居说完后，尊者莞尔一笑，答应说："好，好！"随后格仁巴果噶和嘉毛噶居埋怨那些年轻的僧侣说："你们只知道说好，好。如果尊者凌空飞往另一个世界居住后，那可怎么办呢？"类似的奇迹甚多，这里只写了一鳞半爪。

至于对施主们捐献的情形，也可以像其他圣者的传记中那样,可以大书特书,但尊者曾有言:"近来有些高僧大德的传记中,对写捐赠的清单,好像是成了管家们的史书巨册,这类内容占去了一半篇幅。如果大德们的著作中有一半是阐述神香(煨桑)等,净说些冠冕堂皇的内容,实不雅驯。"按尊者的心意,所以,在这里没有详写捐献的清单。

时下有些书中竟然说那颗舍利母,目前好像仍然在西藏。这种论调如同有兔角一样的荒唐。如《善说金鬘疏》中所做的那样:"虽是高人之言谈,则不见得是高见。"与颂中所言相似。其中的原因是为什么呢? 是这样:从前阁下仁波切①在猪年驾往内地时,曾把那颗舍利母装在一个金、银、铜、铁四层的护身宝盒中,戴在项间,随身携带后,巡历了印度、尼泊尔、杂日、西藏、康区等的一切圣地后又驾赴多麦。火猴年(公元1716年)秋季,尊者与木日寺的十五名募化僧人结伴行至黄河上时,有一个名叫塔奎的僧人被水冲走,尊者善于水性,立刻脱下衣服后跳入水中,追赶了一段水程后将那僧人抓住,搭救了性命。就在这时分散了注意力,没有把护身盒解下来。而那根系盒的绳子因为已经陈旧,所以断落于水中。尊者当时现出非常懊恼、过度悲伤之相,虽用刀子向自己的上身猛刺一下,但丝毫都没有刺伤。据说,当时那些僧人中有些抓住尊者的手,有的人顶礼后安慰尊者。后来尊者亲口讲过:"那颗舍利的大小有雄鸡蛋②那么大,有时候还能生出拇指头大的舍利子

---

① 指六世达赖喇嘛。

② 雄鸡的蛋非常少见。

来。现在集体的供物和装藏等中用的舍利,都是从它中出生的。总的因为雪域西藏人,特别是这块北土的众生福报浅薄,所以那时从我的手中丢失了那圣物!如今在龙域中被龙所供奉着。我本来打算有朝一日奉献给中原皇帝的。"讲起这件事,尊者还显出非常懊悔的样子。

类似的事迹,虽然也可以不写,但是对大菩萨圣者的传记不产生邪见者来说,连一件事都没有必要保密,因为大菩萨的圣行是对一切有情被大乘菩提心所摄受的,完全是为了他人的利益而行此事业的。

由此可知,一切知克智杰大师[①]曾说:

> "仅仅怙主口中之呼吸,
> 亦对众生成为利乐因,
> 广修二资粮者何须说,
> 祈祷三地众生之亲师!"

同样,我等众生的导师[②]亦现了五百世清净身相和五百世不净身相,其中有些需要保密,而有些则毫无隐瞒的必要。应守秘密者如示现成受生为巨贼、杀生者和堕入畜生之类等,理应保密。但是先贤说,对这些应视为圣者之

---

① 即第一世班禅大师,是宗大师的内侍不共弟子。
② 即释迦牟尼佛。

功德①。

以上是尊者驾赴多麦后为圣教和众生的利益②如何行持妙行的情形。

现将示现第十二种事业(入大涅槃)的情形讲述如下：

曾说：

"圣者根本已断尽，
病老死亡之痛苦。"

又说：

"其实佛陀不涅槃，
正法也不会灭尽。"

如同颂中所说，从了义而言，对于获得无畏三金刚本性之身，虽然没有生灭之理，但又如经中所言：

"为了救度诸有情，

---

① 凡夫很难理解其意，易起邪见，类似事迹是针对不同的救度对象，显示不同的身相加以调伏的。是用应症施药的方式度化众生，才显现了此等凡夫难以接受的身相，一般情况下，必须守密。

② 为众生谋求福利。

示现入大涅槃相。"

如同文中所说那样,为了使那些持常见的所化众生心生厌离,信奉正法。因此,一切如来,以及对生灭已获自在的诸大菩萨圣者,做出此等善巧的显示。为了给观音的化身至尊殊胜怙主尊者禳解身命的厄障,逐年都做长寿的佛事。特别是狗年尊者驾赴广惠寺时,护法神曾预示这一年需做禳灾的法事。按此嘱托,各个寺院中唪诵了一亿遍《长寿陀罗尼咒》和一百遍《甘珠尔》经。一切应该做的长寿之佛事都如实办了。

猪年(公元1743年),实际上不仅尊者的流年不利,而且从他的言谈也能看得出另有所思。我心生疑虑,因此按我的想法在多麦的大多数寺院中尽量做了消灾延寿佛事,念诵了一亿遍《白度母赞》;《大白伞盖经》和《心经》各一千万遍;六十一遍《甘珠尔》;驱魔消灾仪轨及禳解施食之类。尤其是进行了嘛哈嘎啦及阎摩敌护法的大食子仪轨各一次。另外举行了降神附身等等。尊者说道:"这次虽然灾障来势凶猛,但是被佛事法力给遮了回去,因此几年内不会死的。"

后来在牛年(公元1745年),尊者驾临各个寺院时,对那些前来请求庇佑的老人们说道:"这次你们仔细瞧瞧,并记于心中,人寿不定,以后就很难相见啊!"虽然尊者这样反复说了,但是人们误解为那些前来谒见的老人们寿命不长,而根本没考虑到尊者说的是自己。

此外,从前邀请尊者的牧民虽多,但尊者除了给每户加持回向点青稞物①外，没有亲自莅临。这一年，无论到那里总是说："这次务必要满足檀越们的心愿。"尊者对大家露出微笑，与众人谈笑风生。并说道："你们要仔细看看我，并铭记心中，将来临终的时候会有好处。经常记在心上，要虔诚祷祝！上师的加持是没有远近的。"说完后给信徒们摸顶、回向、祈祷和诵吉祥辞等，这些佛事做得比往日隆重。

东大寺的法台职务，再三坚辞，最终辞去后，尊者说："现在我的心安定了下来。"同样，对石门寺的法台一职，也虽然坚辞，但还是未能交卸。复又到寺里说："我担任赤瓦（法台）已经二十五年了②，如今我年事已高，已无力胜任，如果死于任上，多么不好呀！"虽然尊者申说这些理由，但是众人仍然除了尊者心情不畅快的想法外，根本没有察觉到寿不住世，尊者又为寺院和佛殿进行了开光，把一根护身结赐予执事僧切杰后说："我俩的事情，现在以此言定了。"

实际上，尊者曾说过："这座佛殿修成时，我的所有事业都完成了。"我虽起了点疑心，遂奏道："还需要壁画和佛殿内的依物，望您老留心。"尊者情面难却，只好应诺。我又说道："管事僧切杰准备新修您的府邸，以及前面要围木院。"尊者听了后显出不悦之色，说道："现在我只除了对我来世

---

① 青稞等由大德通过加持或回向后，供于家内，象征财运等。
② 其实尊者一方面任石门寺的寺主，一方面任法台之职，共二十五年。

考虑外,我不希望再活下去!"做了驳斥。因此,使我心中十分悲伤。

此后于孟冬二十日①回到了蒙古地方的营帐中。刚坐在坐垫上时就说道:"我心安了!"显露出欣慰的心情。在五供法会②期间,从二十六日开始,略显病情。我已注意到今年尊者的言谈及对各个寺院的安排,从各方面觉得都不妙,所以立即向各个寺院中写信和派出了信使。在这里也召集僧众不舍昼夜地为尊者的长寿诵经祈祷。

这样出现病情一月有余,到十二月初时,尊者说:"我这样病卧不起是不行的,应当要做伏魔铁堡③等旧年的法事和祈愿了。"这一日显得身体非常舒服,甚至坐立都很自如。然后尊者做起了阎摩敌伏魔铁堡法事,并说:"这完全是为佛法的利益而做的。"说完之后便进行严谨的闭关。新年食子④的法事比以往都隆重。对我吩咐:"今年的祈愿传召大法会和供食,要办得比往年更要隆重。"

祈愿法会期间,从各方赶来的信众,犹如云集,场面十分壮观。尊者每日为众人摩顶赐福,讲经说法,祈愿禳灾,

---

① 藏历十月二十日。

② 宗喀巴大师于藏历十月二十五日圆寂,是夜寺院中燃灯供佛,非常隆重。

③ 属威猛法或称诛业。造型如阎罗铁堡的九角或十六角锥形食子。

④ 指正月初一清晨献给吉祥佛母的食子。各寺院每年正月初一都有此佛事。

毫无空闲。我等驾前侍候的人们都劝奏："今年的天气异常寒冷,加之贵体欠佳,是否可以免去摩顶、讲经、接见等活动!"尊者回答："话虽然是这样,但这一切聚会者,一心是思念我而来的,你们不要阻拦他们前来晋见,让信众来见我。每一座法和每一祈愿,这次都不能间断。"

从前在祈愿法会期间,初八日的供奉由府邸内侍供献,十五的供奉由我供献。对这事,尊者特地指示:"因今年缘起的特殊,总的来说,初八是上弦月逐渐趋向圆满之时,尤其是佛祖度化外道的吉日,因此由你自己做供奉。十五日是月圆的时候,由我亲自做供奉。"我想到:这种说法甚是不妙,便向尊者说:"还是按原来的规矩供祭不好吗?"却尊者不接受,只得照尊者的所说执行。这已经表示了圆寂的前兆。

初十日举行祝愿长寿佛事,尊者道:"这次的祈寿佛事①上尽量要做广泛的讲解。"我想时间过长,唯恐尊者辛苦。虽然没有禀求做很长时间的讲解活动,但还是按尊者的心愿做了总与别的长时间的讲解。尤其是说到尊者为了佛教和众生的广大利益所做的事迹时,以我为主的全体僧人都禁不住怆然泪下。在涕泣陈词之时,尊者在座上稍显伤感之表情,特别在此刻悲泪长流。我们祝愿尊者须长寿时,尊者回答:"我会做长寿的祈祷。"遂赐给我一条上品丝制的哈达。然后吉巴喇嘛(意密院上师)等,以及我和众

---

① 指祝愿长寿。

僧异口同声地祈祷尊者长寿住世，当时尊者虽然答应，但如今想来，尊者早已心往其他世界，只不过是对祈祷不便拒绝而已。

十五日，迎请弥勒佛像的时候，天空中出现种种颜色的霓虹。在晚上，尊者安排为各佛殿做五种环供，每一种为一千。在做供的时候，尊者坐在小宝座上，僧俗云集，在这庄严的法会中，进行到献沐浴仪轨的"所有众生……"之时，尊者从宝座上下来，双手合掌，举过头顶，长时悲泪纵横。仰望天空道："此时此刻，在面前虚空界的中央有无等导师释迦牟尼佛、十方诸佛及至尊弥勒和文殊；右面有无量光佛（阿弥陀佛）及其两大弟子；左面至尊弥勒以化身之相而居，眷属中有阿底峡尊者和宗喀巴大师。"亲见诸尊后心生无限的悲喜，祈愿法会进行得非常隆重。这一切已经预示将要圆寂后前往那些佛国的征兆，以及显示了如愿以偿的预兆。

总之，在这一年的祈愿法会上，与往年不同的是：在唪诵《释迦牟尼佛赞》、《宗喀巴大师秘传》及回向的时候，尊者仰视天空，显露悲痛之表情等等。当时对我曾说起过个别奇异的亲见本尊的景象，此处不再赘述。

往年在十八日这天传召法会就基本结束了，可今年，尊者为我和执事僧等吩咐："从前我独自一人朝拜圣地的时候，诵了两亿多六字大明咒，此后一段时间未曾计数。后来从羊年起，我又诵了八千万左右，为了填满此数，我需要修持嘛呢①。"说完将从前曾修持过的一只未启口的宝瓶放置后,修习了三天六字大明咒。结束的时候,尊者祈祷:祈求至尊上师②以大慈大悲之心摄爱一切有情,与至尊上师永不分离,以及诸行无常等,咏起了如此甚深的道歌和吟诵了十分悦耳的六字大明咒。与会众人为之无不忧伤。以我看来,虽说是修持六字真言,但实际上前往其他佛国后,复又以大悲观音的化身,由大慈大悲迅速摄护我等众生而现此征兆。

此后,病情稍有好转之时,尊者说道:"上一月是汉历的新春,这次是藏历的新年,应该要过得高兴。"按照嘱咐,初一日,我的房中我做了迎接新春的准备。在二十九日与除夕两日,尊者显出稍有不适的样子。在初一的那天,尊者说:"为了图个好的缘起,今天要变变样儿。"说着,显出十分舒畅的样子,走到了庆贺新春的首席位上。让众人讲格言,漫谈,玩耍游戏等显得非常高兴。这时,因一位藏族僧人不和睦闹事,为之多数藏僧将袈裟反穿等做出了忧伤和敬重等种种怪事。我暗想:这必定是一个不好的缘起。尊者也心生狐疑。

翌日,即初二日,由额木奇(医生)切杰设宴迎请,尊者驾赴他的寮房。这时身体稍有不适,又向寝室走去。众僧在尊者面前进行献沐浴仪式,在座列中,石门寺的僧人们翻穿着袈裟,尊者看到后解释:"若上师要圆寂,僧人会翻

---

① 即六字大明咒。

② 指宗喀巴大师。

穿袈裟的。"听闻此言,我等僧众惶恐不安。为了消除厄障,做了各种禳灾的佛事。

另外,迎接弥勒佛的宝座出现了断裂;所有犬聚在一起望着天空哭泣;三月十五晚上出现月食、三十的一天日食;又有些人看到四月十五日出现了日食;在祈愿传召法会的十五日夜间,家母听到了唢呐声;一到晚上经常出现各种彩虹,众人纷纷议论这不是一个好的征兆。

我的耳中也有时候清晰地听到笛子的声音。特别是去年五月十七日的晚上梦到:有一水晶大塔,塔端直入云霄,佛塔的法轮为黄金,月牙为月亮,塔端为金星,就像真实的一样。塔日不清晰,塔座与虚空边际相混淆隐然不显。在水晶塔的顶端对直出现半轮初八的月亮;在东北面很远处矗立着须弥金山。尊者驾前有我,直贡夏章和喇嘛贡确等人。我问尊者:"从前在这里没有看到过这座佛塔,此为何故?"尊者道:"这是大海中有的一座佛塔。"醒来却是南柯一梦。

又,那年的春季又做了一场梦:尊者与我等好似是在噶丹颇章①,都准备前往盖排处,尊者和我以及随从们都到了山顶上,在那里有一处长有各种树木的园林,其中央有一座美丽迷人的佛殿,殿内有弥勒佛居中,身着三法衣,左手做说法印,右手做施依印,左右两面有阿底峡尊者和宗喀巴大师,身材稍矮。眷属中有很多戴长耳帽和穿法衣的

---

① 即西藏哲蚌寺内的噶丹颇章。

大德。左边首座上有一位颜面较长,体格魁梧的上师,在他的下面第四座上好像是班禅·罗桑益西大师;左排的首席空座的前方放有金刚铃杵,其之下方有一位非常像噶丹赤巴夏琼堪仁波切①者在座。其余的上师未曾留意是谁。此外还有好像是大成就者的几个人坐在座位末,都在诵经。尊者在座列的下面顶了三礼后登上了左面的宝座,弥勒佛为尊者说了几句话。我也准备坐的时候,尊者说道:"你出去后朝里看!"并吩咐了几句,我出去后径直到了噶丹颇章。

我听到弥勒佛所说的几句话,因为那是梦中的事,并未在意,所以已经忘怀。另外,还梦到日食和月食,石门寺大经堂的通天柱(长柱)断折,佛的眉间白毫被断等等不祥之梦不一而足。

从初二日开始,那原来的余毒复发,时而昏厥,时而寒热不明等。出现这些情况时,就为他擦油。尊者对我说:"你轻轻地按摩我的身体。"经过我的按摩之后,稍微觉得舒服。

自初五日起,以我和吉巴喇嘛(密宗院法师)为主的二十一位僧人进行了以怙主消弭厄障的施食法事。众僧也会集于大殿做了各种祈寿佛事,日夜不断,在一个半月中尽力做此佛事。

此后,准备为安多和西藏的所有寺院供养斋茶,首先

---

① 夏琼大堪布。

给安多方面的一百三十余座寺院修书。这事由色拉然坚巴·罗桑次成、维那师然坚巴·索南、然坚巴·次成桑沃和我所定,信的多数由我写成,正准备发出的时候,尊者吩咐:"以后不知能否把信马上发出。为了满足我的心愿,须向各寺院把这等信发出去!"就是授了些有关政教二规的教诲,以及必须潜心精习讲经闻法的训谕,将此作为信函中的宗旨。对个别寺院还赐了法衣之类,对一百三十多所寺院供养了斋茶。对二十五座禅院赐予了供佛基金等,当时就派出专使携函前往。在蒙古、西藏、赛科各方,也为尊者做起了祈寿的佛事。

　　此后于暮春末(藏历三月底),病体逐愈。与往年不同的是:虽然从狗年开始勤修坐禅,但从现在起,除了个别时间在会见拜访者外,在白天的早晨和下午修持两座①,夜间丝毫不寝,专修禅定不辍。

　　其余时间内不诵别的经典,尊者却说要诵读三十二遍《般若八千颂》。除了座修之外,在座间②专诵《般若八千颂》,时而入定于空性的三摩地中,会有时长时短的各种修法;时而又反复讲解厌离轮回和无常之理,我便向尊者禀求道:"贵体还未全瘥,加之日不暇给,过度劳累,还是心力放松为好。或者尊者您老为自己的长寿修习一种长寿法,或者能闭关修马头金刚本尊的法更好些。"我再三请示,尊者却不同意,说:"不必了。"

---

①　修习时所分的时段。
②　座修是指修持的时候,座间是指修行各座中的休息时间。

四月初六日，鬼宿与木曜相会之日，以弥勒佛像为首的三所殿堂的依止物①会拢到一起举行隆重的开光仪式。这尊弥勒佛像在开光时，确实出现了智慧尊从喜足天降临后入于其像内的奇妙景象。因为加持力极大，尊者道："做盛大的供养！"说着，便赐给我一条红色的护身结，给母亲和管家各赐了一根白色的护身结。接着又说："在未来世，弥勒佛出世的时候，我必定会成为眷属之首②，与我有缘的所有人，到那时会引置于菩提之位，这是不可置疑的。你们应做虔诚的祈祷！"我应道："是啊。那时虽然以大悲心要摄护我等，但从那以后，还需经过多世，万望生生世世尊者与我们永不分离，随做摄受！"我合掌祈求。众僧也合十祈祷。

尊者为我和然坚巴·罗桑次成说："对这所有佛殿内的三依物③，以及所供着的法物都一一点清后做成了清册。许多佛像之藏已陈腐，有些佛像尚为装藏，所以对那些佛像必须要装藏、擦洗、涂金和启眼。"④我们就按照尊者的吩咐去执行了。而对个别法物的整理，则是尊者亲自做的。

寺内有一尊仲敦巴嘉伟姜乃大师的像，模样显得很年轻，令人喜爱。有一天，尊者把这尊像置于头上，双手做定

---

① 供的佛像等。
② 即首席弟子。
③ 指身语意的法物，分别依次是佛像、佛经和佛塔。
④ 对绘画式雕塑等的佛像，用彩笔画出眼睛。开眼后主人才会给画师赠送奖励。就算是完成了整个佛像的造作。

印,双目合闭,之后开口道:"这是我的某一世的身像,因此现在我想做一位年轻的上师。"我忍不住泪流满面,奏道:"尊者,请不要这样说! 阁下仁波切(指尊者)应当莲足永驻①……"说了很多住世的缘由之言,尊者道:"哦哟! 你莫要伤心,我这是开玩笑呢!"尊者虽然这样说了,但我还是放心不下,半信半疑。

不仅如此,尊者还说:"如今我年事已高,对自他二者的事情都无能为力,现在变得皓发皤须了!"边说边捋着胡子。又说:"现在对夏天的炎热和冬天的寒冷也忍受不了,这不是起了皱纹吗? 你瞧!"伸出手足让我看。

又说:"森华钦宝②和嘉赛仁波切两人比我年纪轻,杰章仓我从西藏下来的时候还是个小孩,现在他们都圆寂了。喇嘛嘉样瓦与我同岁,现在也不在人世了。"尊者预示圆寂的话语,再三说给额木奇切杰和诸位然坚巴。

在临睡的时候,脱去其他一切衣服,只披上一件红色阿提后,进入寝室来回迅速走动,便说:"我以前是这个样子,踽踽独行之时,多么快乐! 现在若能那样行走,该有多好啊!"在说这些话的时候,我们劝请道:"有情的一切幸福是依赖于佛教,也仰仗于大德圣者们。还有佛教和众生的无量事情等着您老劳驾去做。先前的某某圣者长寿住世后……,这难道不是弘法吗?"再三请求祈祷后,尊者说:"你们放心,我没关系。"其实这话只是对我们的安慰而已。

---

① 健康长寿住世。

② 大菩萨之意。指西藏的一位大德。

　　四月的最末一日,土曜与牛宿遇会。这天对那些新装了藏的佛像以及其他依止物举行了中等规模的开光仪式。尊者吩咐我将他自己用过的金刚铃杵和长耳帽①等赠送给夏鲁瓦大师,希望他要按以前许诺的那样为教法和众生的事尽心竭力。又说:"把另外这一只金刚铃杵供养给你的上师噶丹赤巴。"刚诵完《吉祥颂》后,尊者说:"我今生的事业已算圆满了。现在只剩下你去西藏的一件事情了,我的心也安稳了。"我合掌祈求道:"上师,众生没有度尽之际,您老的事业也是没有穷尽的。特别是现在教法衰微之时,没有您的话怎么能行? 还望您老要大发菩提心!"语句是否妥当就这样祈祷了一番,使我等伤感惶恐,耸起身毛。

　　为了防患于未然,除了诵经祈寿外,别无他法。因此,照原来那样努力做起了祈寿法事。虽然降护法问卜,都好像护法未临,终究未能成效。当日下午,驾前除了我一人外,再无他人,尊者道:"今天是个吉日,我俩谈谈你去西藏的事情吧!"说了这方面的许多话后,还是尊者从听到拉萨十一面观音改为千手千眼观音一事作为话提说起了,尊者道:"昔日法王松赞干布等吐蕃王臣们大力弘扬了佛教的事业。"我问:"为什么把十一面装饰成了千手千眼呢?"尊者回答:"这事尚早,应当是第七世阁下时的事情,却倒也无妨。"

　　尊者为我叮嘱:"你去西藏后要听闻稀有甚深的妙法,

---

　　① 如宗大师戴的那种帽子。

像以前的旧佛殿和松赞干布法王诞生地的嘉玛赤佛殿大做供养。为哲蚌寺献一帧二十五庹(长)的缎制弥勒佛像；能否在噶丹寺的宗喀巴大师金塔前常供千灯，须尽力而为。这些都是为了消除接受信财的罪障而做的。此外，给拉萨的两尊释迦牟尼佛像、摩诃菩提①和奥喀的弥勒佛像②各献一件祖衣。为了佛教昌盛，在佛像前做虔诚的祈祷，这一切不会不成功的。"另外，还嘱托了很多事。于是我向尊者说道："这些事情，我以后临走的时候说也不迟。"尊者说："那时也可以说，但今天是随便聊聊。"

尊者又吩咐我："你还需要听闻佛法，对文科方面要好好学习，日后对我的转世活佛要认真教经。把这些法物都送到手。经常要爱护身体，功课不能中断。今年我去寺院时，对寺院应当这样做……"吩咐的这些都像是遗嘱。我虽以悲喜交织之心聆听，但一时不知从何问起。心中总是忐忑不安，踌躇万分。

其实尊者早已做好了初一日到寺内的打算，但从表面上做了初十左右去寺内的准备。尊者将去寺院一事告诉了管家和囊索(总管)，他们把一切准备得停当。逐年有念诵吉祥佛母仪轨十万遍的规矩，结束的一天，必须举行着一次送护法的朵玛。因此在初一日举行送神食子的时候，尊者在座首骤然而至，进行了较广的嘱托护法的法事。

初二日举行了白哈尔王护法的法事。初三日进行晬

① 也称菩提萨埵。

② 就是曾经宗大师修葺过的那尊弥勒佛像。

诵护法仪轨。并为卸去石门寺法台(兼寺主)之职,调换别人任职一事,奋笔疾书。当天尊者驾前只我一人的时候,尊者走到外面,迤西面空中仰望了许久,他老必定是亲见了本尊。

这一年,尊者令萨瑞然坚巴制新的历书。认真逐察各日日期,说道:"初八日这天是个好的交会日(吉日良辰)。"在这期间,显出身体十分安康之状,也稍放松了诵读功课和修持,并说了要走的方面的话语,显得很高兴。便说道:"初五日,我尽力诵《般若八千颂》后,现已诵完了三十二遍半之多,剩下的以后再读吧!"后来我察看,尊者诵读到了"清净显示世间品"的末尾。这必定是预示了他的转世化身乘愿再来的缘起。那天下午,尊者说身体有点不舒服。

初六日早晨,我去驾前禀问病情时,尊者说:"缘起很好,我恰好念到了《初中后三善愿文》的'但愿解脱胜幢永竖立!'一句。"遂为我摩顶,欢喜不已。我又问病情时,答道:"好像是潮湿,没关系。昨晚你是否做梦了?""没有做梦。阁下仁波切您有何征兆?"我问了一句,尊者道:"没什么征兆。"

其实那天夜里我梦到尊者坐在宝座上,以他自己的名字做着圆寂回向法事,但我把这梦未敢奉告尊者。虽然请示了护法,只认为是除了护法的一种法术外,没有相信。

这时也正在进行着祈寿之法事,又召集众僧,准备着往寺院派人。额木奇切杰、然坚巴次成桑沃和我三人,服侍尊者。从尊者以前的言谈及征兆等观察时,不但不妙,反而病情也有变化。我们纷纷谈论，不知如何是好。尊者却说没关系。病情虽然不是很重，但我们于心不忍。当夜我在驾前伺候卧睡。

翌日，即初七的一天，病情稍有缓解，基本上与昨日差不多。立即诵经祈寿，大家都祈祷，经过祈寿法事之后，尊者面露微笑，虽能应声，但我心生忧愁。随即派人到衙门和寺里通报。仍然努力做着祈寿法事。

那夜我独自守候在驾前，病情略缓，尊者对我说："这次不妙，但也没啥关系。"说着便伸出脚来让我搓揉。在我按摩的时候，尊者吻我，并抚摩着我的头，说道："从前我对你恩深，现在你对我恩重，因此我不会舍弃你的！"说毕，悲切不已。随后，切杰和次成桑沃来到驾前守候。天亮后尊者说感觉好些了，并洗了头和手，感到凉爽。双目频频仰视虚空，似乎有他者降临到尊者面前一样。

过了片刻，对额木奇切杰说："从空中降下哈达来了！"额木奇切杰问："您刚才说什么？"尊者答："我说是下雨了！"然后默不作声了。

之后，我到了驾前，尊者问我："今天是初几？"我犹疑了一下，答道："上师，今天是初六。"尊者听后微笑了一下。看来是预示初八日将要圆寂，这也显示了诸勇士空行来接引的征兆。

随后进行了驱魔禳灾和大回遮法①。尊者说："做一次

---

①　大概是大白伞盖大回遮法。

献沐浴仪轨。"遵照嘱咐,我做了沐浴法及献曼札。尊者对内依供物能仁像等用头触及恭礼后做祈祷,脚向左方伸出后做了长时间的诵经。

先前尊者说过:"听到以跏趺坐去世的人们,在活着的时候,从未做行善之事,死的时候直端端地坐着死去,对这没有什么大惊小怪的。我们的导师世尊释迦牟尼佛也现的是俯右胁而卧涅槃之相。我去世(圆寂)的时候,也要卧着圆寂。"我想起了尊者曾前说过的这番话,这次的姿势都跟从前所说的一致,我暗想,肯定是要圆寂了①,尊者也可以跏趺坐……。在我心中想着的顷刻间,只见尊者倏地起身后结金刚跏趺坐,右手持降魔橛,左手结定印,清晰观想马头金刚本尊密修的生起次第,定睛观看了一下后,将伏魔橛赐给了我。这显示了回遮光明三摩地之障的征兆。

有一颗较大的佛的舍利,尊者日常携带在身上,我想尊者食它也许是有效验。但尊者却不同意,让我留着用,我再三请求后,尊者含笑吞下。说了最后的一句话:"不要这样,没有关系的!"

我观想阁下(尊者)为无量寿佛后,极力诵起了长寿陀罗尼咒,尊者也跟着念长寿咒,但念得比我们更响亮、更流畅。

正在念诵长寿咒的时候,尊者的身躯伸直了。将金刚跏趺坐散开后,变为菩萨跏趺坐。右手放在右髋上,左手

---

① 原文直译为肯定驾往别国。

持铃杵置于左髀之上，因此是以观世音心性安息或金刚萨埵之姿，怀着清净之心趋入法界之中。

我们众人一方面怕失去依怙而产生痛苦，一方面又希望复现尊颜（指不圆寂），一时间乱了起来。做了许久的祈祷，终于明白尊者已赴光明法身三摩地之中①。

我真的感受到了世上之日刹那间坠落大地的痛苦，过了许久才清醒过来。对那些未得坛城之灌顶者讳莫如深。我和切杰，然坚巴等几人为法体献上（包括穿衣等）法衣、五佛冠、顶髻、上下装、铃杵等法器。在跏趺定坐的时候，身体微缩成往常的三分之二，男根内藏不露。首顶肉髻突出。面如十五的皓月，唇颧红晕。双目不同往日，此刻变得细长，快要闭合，目视鼻端。眉间除了三叠花纹之外，再毫无褶痕。先前去朝拜圣地之时，略伤鼻梁，不太起眼的那伤痕，此刻也悄然而失。

面露微笑，具足光泽，香气氤氲，众人这次亲眼目睹了圣世自在（圣观世音）的真实情景，都生起了无限的敬仰和清净之心。昔日除了至尊宗喀巴大师以外，阁下仁波切（指尊者）的前几世未出现过类似情形。尤其是尊者具足庄严相（三十二相）者，唯独是（完全是）圣者佛陀所具有的特征，此刻众人都感到惊奇。

之后，我顶礼并献曼札。又为法体默默请示和祈祷观想。这年久旱未雨，尊者进入三摩地时，霎时大雨滂沱。

---

① 指进入法身国度之中。

那晚我在驾前久久祷祝之时,几次清晰地听到了笛子和鼗鼓[1]声。

第二日,修持了大威德金刚的静虑坛城及圆满的四灌顶仪轨。我随即撰文——《尊者化身迅速真实转世祈祷颂》和《妙慧普贤颂》二者。于是便献曼札,奋力祈祷之时,从尊者法体的心间清晰地三次发出了"我来,我来!"的声音。家母和然坚巴·次成桑沃等几人都清楚地听到了。在五天长的时间内,天降花雨,空中出现种种彩虹,并显现三层的白虹,伸向西方,频频现起了如此景观。

十一日下起了倾盆大雨,雷声如同哭声,令人毛骨悚然!十五日产生了大地震动,地下轰然作响,这是天龙土地护法在为尊者哀号。晚间点燃的供灯油与空中降雨相互交燃。在四个星期之内丝毫无风,时而在晴朗的天空中出现彩虹光幕,时而无云却降甘霖等,类似景象就连牧人们都看到了,多得不胜枚举。

过了三天半后,揭开法体的面孔(散解禅定)时,闭着右眼,略睁左眼;这就表明了虽然早已脱离了轮回,但仍然以慧眼慈悲地注视着轮回中的所有众生。

突然从右臂肘中流出白色、黄色和红黄色等不同颜色的融酥醍醐,尝时有苦味、甜味等味道,香气四溢。每天能流出一大碗之多。特别在天凉之时更多。共流了两周零五天。

---

[1] 密宗行者所用的左右两面摇击的一种小鼓。

　　示寂不久后的两天切杰格仁巴便来到了。第六天时密院法师、瓦萨切杰，另外江让弟子等具有敬信的所有弟子都不约而同地聚在了一起。阿拉善各地的僧众、大小官员、绅士等具有净信的众施主①，还有安多的许多寺院的祭供人员和鄂尔多斯的大小官员等许多大檀越们也来祭供，会聚这里。众人一致地做祈祷，很多人还受了比丘戒、沙弥戒和出家戒。在家的大多数信众还受了居士戒和斋戒②，对于修持十善，不舍昼夜，非常勤奋。

　　关于祭供方面，每日在法体前面，三时中供灯、净水、谷、香、食物各三百盏；在外面每晚供五种供品各三百盏，总共四十九夜；每一周的第七日，在内外③举行盛大的千供，并献乐器声。

　　在法体的前面，每日念诵我新整理的《上师常供法》和《尊者化身迅速转世的祈祷文》各一遍。众僧献供沐浴仪式、《上师供》和祈祷文，于三时中各诵三遍。小札仓的僧人们还念诵《十地经》各一遍。此外，我和吉巴喇嘛二人进行大威德金刚和胜乐金刚的随一自生仪轨；在五周长的时间内（三十五天）众僧念诵《毗卢遮那》、《无量寿经》、《大威德金刚仪轨》，另外还诵读《密集金刚仪轨》、《药师仪轨》、《观音仪轨》和《甘珠尔》大藏经。此外，在两个七日中修持六字大明咒等积集了无边广大福德，勤奋不辍。

---

①　包括所有信众。

②　八关斋戒等。

③　安放法体的房屋里外。

对法体如何安置的情况,尊者生前有所谈论过。有一次,他看到一灵塔内装有肉身后,便对我说:"他们都是住圣位(菩萨位等)者,如果能把法体完整地保存下来,就大有好处。"

又,有一天,额木奇切杰在尊者驾前的时候,谈及夏琼寺的东智仁波切①的法体中流出甘露一事时,尊者说:"流出水来,当然稀奇,更奇妙的是自然流出油来的,那才是真正的甘露呢!"

当时对尊者讲的那些话都未曾注意。现在想起来,既然讲过流油等话,就应当按遗言安置法体才对,于是我与具巴喇嘛罗桑彭措、切杰三人,以及然坚巴等里里外外的众人一起商议后,对至尊夏鲁瓦大师虽然准备请示法体的火化事宜,但是今年尊者的言谈,其意义又甚为重要,此外对化身的转世等没有什么影响,因此像班禅大师的前后世的法体虽存放供奉了下来,但化身继续在转世那样,所以,这次按照至尊宗喀巴大师和佛王仁波切(指达赖喇嘛)等许多大德的法体完整地供奉,②暂未荼毗。如《贤劫经》中所说的那样:"法体要完整地存留。"经过众人商议取得一致意见后,将法体完整地保存供奉。

---

① 夏琼寺在青海省境内,是安多北方四大寺院之一。由宗喀巴大师的上师东智仁钦大师创建于公元1349年。宗大师十六岁入藏以前,在这座寺院中求学修持。东智仁波切,就是东智仁钦大师。
② 借此对尊者的法体。

犹如诸圣者对生死已得自在者,显示涅槃完全是为了度化众生那样,此次众生的依怙主,观世音的化身,现为人相的尊者,涅槃趋入法身界中。无数有情,仅对这一奇妙的事迹,若能见、闻、觉、知(耳濡目染等),就会引人菩提之中。不仅如此,从前未见尊颜和没有信仰的很多有情,若目睹殊胜的法体,就会引生起无限的信仰和出离心,这就是殊胜传记中的更为殊胜之处。

在没有圆寂前,尊者的遗嘱和授记如下:

> "永远无欺依怙至宝,　上师三宝居首为饰,
> 引导一切慈母众生,　乃是观音故我祈祷!
> 浊世有情多么可怜,　对这无依无怙众生,
> 大慈大悲圣者观音,　若不经常大悲观视,
> 慈母众生如何忍苦!　总有为法却无定期,
> 尤此世界没有意义,　尤其人生更为无常,
> 对于死亡无有定期,　因此经常思维妙法。
> 若想来世获得幸福,　完全依赖此世行善,
> 步我后尘诚心弟子,　千万莫要使心散逸,
> 至诚心往本尊三宝,　所作所为与法相应,
> 一切所思心想来世,　朗朗唪诵六字真言!
> 奋力祈祷观音本尊,　经常会得观音加持。
> 由于宿世宏愿之力,　居无所定漂泊于此,
> 你这徒弟福报不浅,　总之福分之愿长存。"

又说:

"美丽虚空之莲花，　夜间皓月令开放，
南云西方之雷鸣，　对于东北地有益。
洁白右旋白螺声，　悦耳响亮十由旬，
对于兔影生龙角，　雷声隆隆普遍地。
真实金刚妙珍宝，　以及五方佛之图，
白色吉祥圣宝物，　持作福德智慧界。
只说未来此三言，　吉祥佛母白哈王，
十二天女须守护！　是为缘深之弟子，
肺腑之言须铭记！　萨嘛雅腾。"

另外，铁鸡年也曾有授记："铁鸡年(公元1741年)农历十一月初五日黎明时，在视觉中，来了一位新生的婴儿，还有五岁、七岁、九岁、十二岁、十六岁和十岁共有七位。第一位说：昨夜新生，却无意义。第二位说：是否搓捻五明之线？第三位道：七马须暂时轮番请短假。第四位言：进入九步的诸小人。第五位云：各得十二之王。第六位说：十六时是否清明？第七位道：十至二十一百间，铁命之堡无畏众。说着，有一位蓝色的人，具有寂怒之姿。另有一名白色的，面现寂姿，手持许多鲜花，花瓣展放。将花端之瓣开放的一枝花，根朝自己而临，微笑注视着七童。在清朗的天空中降下雪一样的白花朵。不见人影中却发出话来：'花一样的雪'，出现此景的同时我醒了。"

又，以鼠年在尕达寺时的授记来看，对这年要圆寂一事，预言十分明确。为了众生的利益，对殊胜化身转世是毫无疑问的。对这件事,尊者也有遗嘱。如《噶丹问道录》中说:"还要无数无量劫中,除了首顶三宝之外,自己怎敢心生傲慢。"

这就预言了以后有化身的转世。此外,言之凿凿,确可信据的授记很多,尊者还为我讲了许多认定和方向①的征兆。这是对于怙主尊者具有坚定不移的信仰并具有希望的信众应当祈祷和所喜之处。

诗曰:

> 对于了义长寿金刚之身获得自在向那
> 众生之大地,
> 无适无莫降下加持大慈大悲甘霖上师
> 观世音尊者,
> 众生共同心中一时好似雨云尊者身体
> 赴向法界中,
> 我等有情无依无靠之时为觅永久安乐
> 求谁为依怙?
>
> 可是众生依怙您,　对那现空幻术戏,
> 不应合理入涅槃,　应对轮回生厌离。
> 如是尊者您已经,　获得三密之宝藏,

---

① 灵童诞生的方向。

对您来说无生灭，　也无乐与苦性相。
为了调伏常与断，　漂泊荒野邪见众，
示现生死之身相，　是引众于正见中。
虽于法身界中一时驾赴复不隐没
通过大慈大悲七宝马，
善于驾御具有教证太阳万丈光芒
照射各地此光很明耀，
轮回未尽之间从不间断时时刻刻
来临诸佛菩萨为证人，
无量大劫以前已经圆满宏愿之力
愿与尊者始终不分离！

　　这是一切知语自在法称海贤德本生传记殊胜圣行妙音天界琵琶音中，驾临安多、蒙古后护持圣教与利众的事业，以及最后示现圆寂之相的第三章节。

结束语

尊者昔日在西藏驻锡大寺院的时候,掌管众生的怙主、三界法王宗喀巴罗桑智华大师的清净自宗黄冠教法,一切智者之首,在藏土雪域境内以无量光佛化身的一切知班禅大师为首的诸圣贤全知者,没有一位不成为尊者的弟子。此后,尊者秘密驾赴后,也在西藏、安多和蒙古等地师事尊者的弟子是这样:

在西藏有阿底峡尊者的化身至尊格勒嘉措大师与尊者互为师徒。这是最主要的一位弟子。

普吾觉(寺)的至尊阿旺香巴仁波切是弟子中较为年轻的一位。有关修建普吾觉寺①和讲解《道次第论》②的授记方面,尊者曾清楚地指示过。这是我从堪布香巴仁波切处听到的。

驾临安多后,主要的弟子有前一世却藏仁波切、前一世土官仁波切③、广惠寺的至尊夏鲁瓦·罗桑华丹、华觉瓦

---

① 在拉萨北郊色拉寺后山上。
② 《菩提道次第广论》等。
③ 青海互助县佑宁寺的活佛。

呼图克图、丹玛化身阿旺克智①、噶居喇嘛等。尤其是丹玛活佛，尊者亲自为他授居士戒赐法名为阿旺克智。并赐给去西藏学习的全套用具后派往西藏求学。

在蒙古地区，喀尔喀的坎钦诺门罕在居住额济纳的时候，仰慕尊者，求得大威德金刚的禳灾法，结此法缘后，成为蒙古人中最主要的弟子。纳饶班禅也是尊者的弟子。

以上所列的是弟子中比较重要的几位。此外还有很多的弟子。未能详录。

在尊者的弟子当中，曾任文殊皇帝之上师的是华觉呼图克图。

此等传记的善说不会妨碍于其他大德的传记。这位尊者在住世的时候，另有称其之转世的化身，对他们而言，尊者的事迹也会成为他们的功德事迹。否则会成为种种功过。

曾说："诸集生死之轮回，无始无终而转动。"

月称论师说："犹如水轮不自主，对众……"我执无明作为根本②，由于众生顺次流转轮回，死了以后复又受生的道理是佛教的不共特征。

对于诸圣者而言，非得按上述不可，才能成为功德，这种看法是不正确的。如：莲花生大师住世时，他的一位化身在印度现为君王，有此事迹。印度的八十大成就们的传记中说，有些大成就者仍然在世，却化现后，后来其之化身

---

① 青海互助县甘禅寺的活佛。

② 宗喀巴大师曾说：世间一切衰损事，其之根源是无明。

难降伏的事迹也存在。

在中原,唐僧示现两只猴子,一只在唐僧的跟前,另一只因其他之事的需要,前往他处等等,类似事迹不胜枚举。

特别是在《现观庄严论》第一章节的辨析中说:"菩萨有十地,从初地极喜地乃至法云地间,共有十地。"

在《宝鬘论》中说:"同样大乘佛法中,具有菩萨之化现。"

又说:"对于第三特征而言,有本质等的五特征。断除所断的二种特征。其一分为功德、受生、所证之理和三摩地等五种。初者功德有十二种分类,具备上增的特征,即获得初地菩萨位时,在刹那顷刻间能看见一百位佛,能知道这一百尊佛为自己做加持、能入百种三摩地禅定、能震动一百个世界、能遨游一百个世界、能照耀一百个世界、能成熟(度化)一百位有情、能住寿百劫、能洞悉百劫中前际与后际、能开启一百法门、能示现一百自身①,以及每一身由百位佛子眷属所簇拥。即获得十二个一百功德。在第二地时获得千倍功德;三地时百千倍功德;四地时万千倍功德;五地时千亿整千功德;六地时千亿百千万功德;七地时千万千亿整千功德;八地时十个三千百千恒河沙数(微尘数量)的功德;九地时十个无数佛刹百千无量恒河沙数(微尘数量)的功德;十地时十个无法计数的千亿百千恒河沙数(微尘数量)的功德。能获得如此之功德。"

---

① 自身化作一百身。

又，菩萨非得圆寂后重新受生是绝对不必要的。按分别说一切有情的见解那样，小乘阿罗汉如同油尽之灯，消然而失，不知所终。菩萨则不然，特意示现受生轮回相是必然的。所以有"贪爱众生随摄度有情"的至理名言。

消除争议。若有些人说"这不合理"。那么是你的话，承认你也不应合理，因为你属于补特伽罗无我（人无我），对此周遍所有智者都承认，你也得必须承认。虽然想说："所举因不成。"但由于立因法的缘放，不能做此回答。

你对初学者说你不是你，那么你不是实质法，你所存在者，你因为不是你自己。若答："承认如是。"是为反体法，非为实质法，因为是有。若说"初者理由不能成立。"这则会成为直接相违。因此，诽谤法与补特伽罗①，其异熟果是不堪设想的。

理应如此，我等导师释迦牟尼佛在往昔菩萨位时②，因为对饮光佛做了诽谤，由此异熟果报苦行六年，以陈腐的马饲料为食。这是所承认的。

又，那么，你以外的如同你者安立！若安立就有违原理。因为月称论师曾说："相同之法非为真实法。"这又必须得承认③。

由此可见，无论以谁的宗安立，悉达太子与我等的导

---

① 诽谤人无我和法无我。

② 发心的菩萨。

③ 以上是藏传佛教的一种辩论方式。

师世尊（释迦佛）是一相续，则为反体；同样的道理，在这里佛王仓央大师与我们的上师尊者二者虽然无有反体，但由于特殊的原因，但承认为一相续却为反体也是合理的。有道是：

《嘎兰达嘎问答》中说：

"疼爱口中不说悦耳语，　此世界上看成一大敌。"
应当将此作为座右铭，　无可置疑众人须承认。
因此为了圣教与众生，　心坎深处所出疼爱语，
是为诸佛子之殊教诫，　导师世尊反复曾宣说。
我也对诸菩萨之行境，　虽然具有能力适竞赛，
但是必须谨慎妙教诲，　随其而学智者之规矩。
为此我对这位依怙主，　非为只是恭敬心追求，
为益佛教众生之数言，　直言不讳万望众宽恕！
我等黄冠教法顶重担，　义无反顾所承之尊者，
岂有轮回过患所染着？　尊者犹如淤泥所生莲，
莲花之瓣泥泞虽不染，　但是莲藕仍在淤泥中。
虽被敌方狂象毁莲园，　却对莲瓣丝毫无妨碍。
同样这位殊胜怙尊者，　犹如白莲实为赞颂处，
的确也是执持白莲尊，　可是为了众生此福田，
由于五浊之力日俱增，　罪恶狂象随欲所践踏，
千佛虽聚也是无奈何，　因此对师难以说过失。
个别心存成见之有情，　出言不逊他者为智者，
对于这位尊者利他行，　说成乃与偏颇无分别。
如今正处五浊恶世时，　罪业恶愿贪图所驱使，

功名利养财富日增长，
虽然如此对于仓央佛，
三界人视为敌亦无奈，
此事若实导师及眷属，
这位具德上师之传记，
互不相混对于此善说，
具有一切种智众驾前，
此传记中若有我杜撰，
十方一切佛祖做公证，
但在前面已经善说毕，
为了他意对于此传记，
那么此为何故要说明，
与其相应一切所宣者，
譬如对于眼看耳所闻，
如果此事确实是如此，
对说实话十方诸佛陀，
善于反复赞叹之妙处，
故此为了佛教及众生，
我言之中所有善行聚，

对这盛气凌人何见怪！
行持利众广大之妙行，
十方诸佛是为见证人。
一切作为我的中证人，
犹如一切显现为世俗，
洞察世出世间之慧眼，
作为喜筵恭敬而奉献。
或有无的放矢不妥处，
愿诸护法也按佛随行！
或有冒犯出入愿宽恕，
丝毫没有必要宽恕处，
对于世间所现之世俗，
我就如今奋力作宣说，
应说如此耳闻和目睹，
就是真话无可非议矣。
不止一次而是再二三，
所有业果也与其随行。
具德上师无垢此传记，
我将一切回向大菩提！

又诗曰：

贤惠美名广普之自宗，
通过梵音奋力说此义，
与那十方三世洞悉尊，

对其教诲宝库获殊位，
是为北方芸芸众生怙。
虽在深寂界中为一体，

却因大慈悲力无缘众，　　　为了救度示现此妙相。
屡屡以恩养我慈母众，　　　被这五浊横流迫害时，
尊者千辛万苦护有情，　　　但愿不退之力要度众！
尤其对这北方大地众，　　　度时已至刻不容缓地，
犹如欲望美女之容貌，　　　召引少男那样愿随恋！
如同幻术尊者此传记，　　　阿底峡和仲师明授记，
对于如此稀奇之游戏，　　　三世诸佛心也似涣散。
尊者荷起重担当做饰，　　　此难行事谁都难成办，
因此口说利他行自利，　　　诸众遁迹大海之彼岸。
这位依怙三密饰轮库，　　　愚痴凡夫用秤来衡量，
尊者汗毛之分你怎比，　　　产生肿瘤只成夺命因。
为此尊者即使对生命，　　　毫不顾及一切不净国，
对于诸佛欢喜之妙道，　　　无谬弘扬与您无匹敌。
如同罗刹之地此边鄙，　　　极难度化愚众之蒙地，
六字真言开启愚夫口，　　　如此深恩大德谁来报！
无量菩提心水所润泽，　　　佛教及众利乐之庄稼，
犹如圆满时代很旺盛。　　　如此妙音天界琵琶音，
由我阿旺多杰以诚心，　　　以及恭敬心手而弹奏，
犹如白莲一般诸善业，　　　为了第二佛陀宗喀巴，
显密讲修之法极兴盛，　　　以及对于十方之众生，
具有利乐光明遍普照，　　　事业蒸蒸日上做回向。
尤其东方大地皆祥和，　　　仰仗乾隆皇帝之威力，
长寿政治权威咸甚高，　　　所欲诸事自然得成就！
珍宝尘积妙高山顶端，　　　无量宫殿美丽永存间，
但愿传记天界之琵琶，　　　永无终止发出此妙音。

三世诸佛的一切慈悲集一身者,观音的化身。一切知语自在法称海贤德本生传记殊胜圣行妙音天界琵琶音是对尊者具有坚定不移的信仰及获得信心之定解。诸部及坛城之主,依怙上师至尊宗喀巴大师的化身赤嘉纳巴·罗桑丹贝尼玛、藏土雪域众生的怙主堪布阿旺香巴仁波切、广惠寺的至尊夏鲁瓦·罗桑华丹大师等降下谕旨花鬘,由此外缘以及我自己(作者)也对尊者笃信作为动机,思念尊者的恩德,尤为崇敬,又因心存对教法和有情产生利乐,以此清净的优越心所促使,故而提笔。

尊者的卑末弟子,边荒乞化者,释迦僧人,阿热鲁森额尔德尼诺门罕阿旺伦智达杰,别名拉尊·阿旺多杰于丁丑年,即火牛年(公元1757年),秋季农历九月的上弦月释迦佛复从天降的节日,月轮盈满之时(九月十五日),写于与中原象山山脉相连处,具有胜乐金刚之宫殿,无等导师世尊能仁(释迦牟尼佛)亲临之地,圣十六罗汉结夏安居的圣地,观世音菩萨的化身达摩达喇居士诞生的地方,奇花中烟煴出令人陶醉的沉香妙味,由此所装饰的锦绣之地,内蒙古阿拉善的潘代嘉措林寺(指广宗寺)中,膳写员是作者本人。

但愿此书能使教法仁波切弘于自他二者的相续中(心中),永远住世!

诗云:

由此无量赞颂之善行,
以此所表一切白善业,

聚集一起祈求善知识，

成为尊者随摄之因缘。

轮回未空之间，为诵持弘扬此传记者，愿尊者随做摄护！

（译者，公元 2004 年闰二月初八译于辽宁省丹东市，校稿于六世达赖喇嘛亲自加持的圣地石门寺）

六世达赖喇嘛仓央嘉措
生平(传记)祈祷颂

罗桑图丹嘉措　著

华锐·罗桑嘉措　译

南无古柔阿日雅劳给晓日雅。

殊胜智慧普贤之吉祥，　　菩提宝心甘露之宝藏，
天人等众亲友观世音，　　妙怙仓央嘉措我顶礼！

尊者三密宝库之深度，　　十方诸佛以及诸菩萨，
虽然难有机会叙一切，　　我因敬信故在此略述：

无上殊胜事业之妙音，　　无数良缘弟子之耳中，
宣说甚深善说之奇事，　　对此宴喜智者愿欢喜！

无与伦比尊者本生云，　　饶益利乐田地之细雨，
随同显示取舍之雷声，　　圣者具德上师我首严！

昔时无量劫之以前中，　　乃以导师华则王成佛，
破除二障圆满二资粮，　　世尊天中天者我祈祷！

净与不净所现诸世界，　　清净方便拯救轮回众，
现为观音菩萨之妙相，　　殊胜菩萨勇士我祈祷！

尊者在那印度和藏地，　　现为法王大臣班智达，
译师咒士引导一切众，　　无与伦比上师我祈祷！

虽然诞生宁玛乘莲中，　　对于扶持宗师教白伞，
乃至有顶之间不疲劳，　　利乐之友尊者我祈祷！

极乐世界怙主现人相，　　班禅罗桑益希之座前，
进入佛门取名为仓央，　　身披法衣尊者我祈祷！

尊者年龄已至十五岁，　　第二普陀无量宫殿内，
无畏狮子所擎宝座上，　　成为转轮王尊我祈祷！

讲修佛法之源哲蚌寺，　　具善尊胜色拉大乘寺，
凡是所有大寺之顶饰，　　亲自莅临尊者我祈祷！

阿底峡尊化身格勒师，　　以及比丘嘉样扎华等，
诸多智者座前求闻思，　　精进修习尊者我祈祷！

对于表面语句不贪着，　　无数智者难解甚深义，
微妙无比清净大智慧，　　如实而解尊者我祈祷！

尤其密宗大海坛城中，　　善住灌顶二次甚深义，
作为无上精华力修持，　　成熟妙果尊者我祈祷！

三世佛祖莲花生大师，　　阿底峡及宗喀巴上师，
您亲目睹恒常随摄护，　　超群绝伦尊者我祈祷！

另又至尊圣者度母尊，　　弥勒尊者以及文殊师，
许多本尊摄受做加持，　　授记慰藉尊者我祈祷！

善于效护前世之事迹，　　拉萨祈愿法会说法等，
善说甚深精华之妙语，　　饶益教众尊者我祈祷！

直至二十五岁在雪域，　　成为无数智者之顶冠，
双足莲花所行威严光，　　弘法如昼尊者我祈祷！

尊者年龄二十五岁时，　　由于广发菩提心宏愿，
以及度尽藏土有缘众，　　驾临汉地尊者我祈祷！

他化自在天王之种类，　　与之关联之王的使者，
凡此一切恶魔之大军，　　观为如幻尊者我祈祷！

那时犹如雄狮之狮王，　　无所畏惧利众而行走，
法王赞普宝座视路草，　　舍此离欲尊者我祈祷！

青海湖畔更嘎瑙之地，　　钦差接到皇帝圣旨时，
尊者为救有情之性命，　　隐姓埋名尊者我祈祷！

当时吉祥佛母现真身，　　作为向导驾往康区行，
擦考阿旺札华寺院等，　　各处巡礼尊者我祈祷！

渐次驾赴汉地峨眉山，　　以及理塘寺和德格等，
通过应机教化利众生，　　勤奋不懈尊者我祈祷！

释迦佛祖加持上茅城，　　此一切地行持诸苦行，
修持自他相换菩提心，　　专为利众尊者我祈祷！

空行圣地嘎玛日瓦地，　　胜乐金刚本尊梵志身，
引入无数空行聚会中，　　敬为会主尊者我祈祷！

此后渐渐行至西藏后，　　朝觐大召色拉哲蚌等，
至尊格勒嘉措之近前，　　谈论佛法尊者我祈祷！

在那具善尊胜寺院中，　　朝拜宗喀巴师金塔时，
阎摩护法亲临尊者前，　　辅助事业尊者我祈祷！

胜乐金刚修持之圣地，　　冈底斯山之处从名师，
聆闻胜乐立支及纳绕，　　六法教诲尊者我祈祷！

名为久嘉之地独弃食，　　只着单衫专心做修持，
脐轮暖火日渐增盛等，　　获得证悟尊者我祈祷！

彼地至尊金刚瑜伽母，　　空行使者引您为会主，
所有空行母众以金刚，　　歌舞供养尊者我祈祷！

宗喀巴师修行之圣地，　　名曰澳喀冈囊之山中，
依避谷术十一月之久，　　勤奋修炼尊者我祈祷！

当时五彩霓虹之中央，　　宗喀巴师心间有文殊，
八大弟子眷属所簇拥，　　亲自加持尊者我祈祷！

复又主尊胜乐佛父母，　　右面坐有阿底峡尊者，
左有莲师前有宗大师，　　亲眼目睹尊者我祈祷！

周围又有无数空行母，　　翩翩起舞之时降米雨，
煮熟食后产生大快乐，　　获大成就尊者我祈祷！

广大神通以及三摩地，　　内外功德一切诸现证，
对此幻身随心所欲等，　　全无障碍所行我祈祷！

171

此后尊者驾赴卫日时，　　在那澳代岗加雪山顶，
雪山狮子引导显神通，　　奇异事迹尊者我祈祷！

尊者事迹美名传颂时，　　魔类拉藏汗闻无法忍，
由于图害至尊之身时，　　亲见本尊尊者我祈祷！

那时吉祥佛母热玛帝，　　亲自驾临之后除恶魔，
说声速行之后又驾往，　　印度朝圣尊者我祈祷！

此后渐到尼泊尔城市，　　朝觐交沃巴底及宝塔，
之后朝拜印度灵鹫山，　　巡礼诸圣地尊我祈祷！

吉祥纳绕达瓦之寺院，　　布拉哈日之中供黄金，
昼夜不舍修持胜乐尊，　　得大成就尊者我祈祷！

佛祖福德中生妙宝象，　　亲眼见到伊罗婆那象，
世间以及出世之善资，　　吉祥圆满游戏我祈祷！

然后大驾复返卫藏地，　　门域大贡埃也朗地等，
各地精进修持以神通，　　广饶众生尊者我祈祷！

在观顷科杰之圣湖时，　　吉祥佛母明确在湖中，
手持法器指明北土众，　　亲自显示尊者我祈祷！

尊者年纪将至三十四，　　如同白莲一样善资中，
全然成熟北方所化众，　　度化善缘已至我祈祷！

是年秋季尊者从拉萨，　　隐姓埋名带领十余僧，
慈悲波涛汹涌所驱使，　　特意驾临尊者我祈祷！

怙主宗喀巴师诞生地，　　在那宗喀地方大寺中，
许多上师全体僧伽众，　　作为顶饰而依我祈祷！

冬季藏历十月十二日，　　驾往世尊释迦牟尼佛，
以及十六罗汉所加持，　　阿拉善地尊者我祈祷！

尊者看见昔时所发愿，　　殊胜弟子阿旺多尔杰，
确认藏王第思之灵童，　　曾做无误授记我祈祷！

在那广袤蒙古大地中，　　结有善缘无数有情众，
湖中众鹅所集般汇聚，　　慈悲护众尊者我祈祷！

多麦华锐十三寺院中，　　任堪布时建立三学仪，
以及广泛讲闻三藏法，　　广弘佛法尊者我祈祷！

尤其噶丹问道宝典中，　　曾做授记闻思昌盛洲，
千辛万苦修建嘉荣寺，　　力挽狂澜尊者我祈祷！

连城闻思昌盛洲之中，　　建立正月传召大法会，
按照拉萨下密院仪轨，　　成立密院尊者我祈祷！

土羊之年在那阿拉善，　　创建正月祈愿大法会，
讲法供仪弥勒绕寺等，　　广弘法众善德我祈祷！

另外蒙古其他边荒地，　　对于名存实亡之讲修，
成立三事佛法之仪轨，　　广行佛法尊者我祈祷！

总之在这蒙古之区域，　　佛法只剩其名之时候，
教证二法所含一切法，　　尊者弘为如昼我祈祷！

怙主您的美妙庄严身，　　梵音声中所出善说语，
见闻思念一切有情众，　　具有圆满意义我祈祷！

火虎之年尊寿六十四，　　为促执实有众入正法，
特意示现圆寂之身相，　　空行做供尊者我祈祷！

当时虚空之中出彩虹，　　隐形之中乐器声不断，
发出种种悦耳美妙音，　　显示奇妙之兆我祈祷！

法体之中散发戒香味，　　法体流出五彩之甘露，
首顶肉髻极为突出等，　　显示稀奇事迹我祈祷！

174

虽为普通有情现此相，　　其实已得金刚身之您，
我作顶礼供云同虚空，　　所有三门罪业一一忏！

随喜伟大佛子之所行，　　自他心中催转妙法轮，
事业无有间断恒常住，　　三世善资回向大菩提！

尊者奇异事迹大海中，　　乃以发端所取点滴水，
少许赞颂由此善行力，　　但愿佛教胜幢长驻世！

从今乃至未获菩提间，　　尊者不离我等随摄护，
意乐加行如理而奉行，　　精进不休修习求加持！

许多善趣功德所装饰，　　获此暇满之身入佛门，
丝毫不求自身安乐事，　　只为他利成就求加持！

远离污垢无有违品行，　　具足聪明睿达之智慧，
如实通达经论之密意，　　力弘教众利乐求加持！

尤对广大密续得定解，　　究竟捷径二次甚深义，
对于专心修持不产生，　　内外逆缘障碍求加持！

具德最初怙主之密意，　　善于受持无上金刚乘，
获得三身如同萨日哈，　　弘扬密宗似昼求加持！

总之以此自他诸有情，　迅速拨开二障之迷云，
重见圆满二资之天日，　但愿获得佛陀之果位！

生生世世至尊上师您，　成为大乘善知识威力，
从这佛祖赞颂妙道中，　但愿刹那顷刻不退转！

（罗桑图丹嘉措，阿拉善广宗寺第二世大宝呼图克图[①]。生于1747年四月初八诞生在阿拉善，是阿拉善镇国公贡其格和夫人布拜之子。由阿旺伦智达杰主持选认的仓央嘉措转世活佛，5岁时迎请至潘代加木草林寺（广宗寺）坐床，是成为阿旺伦智达杰之弟子。后入藏深造，向六世班禅罗桑华丹益西、三世章嘉国师和嘉木样大师等诸多高僧广受教法传承，并做弟子。18岁那年，乾隆皇帝赐"耿召呼图克图"之封号。1774年邀请二世嘉木样大师到石门寺，在该寺中创立了密宗学院。1795年他在48岁时用藏文诗歌体写下了这篇《祈祷颂》，还有《哦字格言》及其他一些作品，他还善于绘制佛像、编创佛乐等。其艺术水平很高，广宗寺原来保存着10块佛像刻板。

他尊师阿旺伦智达杰圆寂后，多方力争下才得到安葬阿旺伦智达杰的遗体和寻访阿旺伦智达杰转世灵童的准许。他于1807年2月17日（阳历3月25日）圆寂，享年61岁。后人修造成人身量大小的镀金铜像，内藏他灵骨，在大经堂阁楼上供养。）

[①]　当地人尊称他温都尔葛根，意思是高个子活佛。

蒙古文译本
《六世达赖喇嘛传两种》校注序

六世达赖喇嘛罗桑仁钦仓央嘉措是 17～18 世纪藏族诗人。他 15 岁时被选立为六世达赖喇嘛,迎请至布达拉宫坐床,25 岁时在以第思·桑杰嘉措和拉藏汗为代表的上层政治势力的争斗中成为拉藏绊倒第思的筹码,被诬为非达赖喇嘛真身,送往北京。途中猝死与出走,出现了不同说法,给后人留下了研究探索的课题,成为历史悬案。

关于他的后半生虽然有各种传说,但主要的是当时放走仓央嘉措或者让仓央嘉措逃脱的人们为掩盖他们的失职而编造出来欺骗朝廷的。在贡嘎淖尔猝死的说法和在阿拉善圆寂的说法两种为主。松巴堪布·业希班觉称前者为"不了义",后者为"了义"①。这里所谓的"不了义"是

---

① 参见才旦夏仲《藏族历史年表》。

指公众中流传的一般说法，"了义"是指事实上的真实情况。六世达赖喇嘛 25 岁时圆寂的说法以清朝的官方文书和隆多喇嘛阿旺洛桑(1719～1795)的著作上的记载为依据。但它们是当时的特定环境下产生的记载，也是六世达赖喇嘛继续生活下来的实事还未被公众所普遍知晓的时候产生的记载。当代一些汉、藏、蒙古族著名大学者和佛教界人士大部分认为在阿拉善弘扬佛法，最后在那里圆寂的、被当地人尊为"上师葛根"的，就是真正的六世达赖喇嘛。比如法尊法师(汉族)、阿旺却太尔教授(蒙古族)、多识教授(藏族)等著名学者的论述中持这种观点。

内蒙古阿拉善是六世达赖喇嘛建寺弘法的地方，也是完整供奉尊者肉身法体的地方。因此在当地有关尊者传说、历史记载、故事、遗物等流传下来的很多，可以说明尊者后半生的历史经历。实际上能够证明六世达赖喇嘛后半生经历的证据不但大量留在阿拉善，而且在青海、甘肃的藏区也留有尊者活动的历史记载、传说、有关寺庙的传说故事以及实物等，从中可以看出尊者晚年活动的轨迹。这一点多识教授等人的论文中介绍得很充分。

现在出版的《六世达赖喇嘛传两种》传记的前一部《妙音天界琵琶音》是由于在拉萨木刻版的每一页的书眉上错误地写上藏文"秘传"字样而误传为《秘传》的那部著作。它在国内外流传较广，影响也较大，是研究六世达赖喇嘛仓央嘉措后半生的重要资料。正如对六世达赖喇嘛后半生的情况存在不同说法一样,对该著作也存在不同的看法。即坚持仓央嘉措在贡嘎淖尔猝死观点的人怀疑这部著作的真实性,认为它是作者的编造,据说有人甚至认为它是一部小说。而坚持仓央嘉措享年64岁的人则以该著作为主要依据。

这部传记1757年成书以后首先在内蒙古阿拉善南寺刊刻印行,后来在各寺庙间流传开来。据说第五世迭斯尔德呼图克图桑杰嘉措喇嘛坦(1871～1944)于20世纪前半叶的某一时候将此刊本的一部六世达赖喇嘛传赠送给十三世达赖喇嘛,达赖喇嘛看了以后赞不绝口,下令在拉萨刻版刊印。这个拉萨木刻版是该书广为流传和译成其他文种及后来出铅印本的基础,而阿拉善南寺木刻版是它们的最早的底本无疑。十三世达赖喇嘛后来把拉萨新版的《六世达赖喇嘛传》通过回阿拉善的普勒忠道仁巴回赠给南寺一部,把它一直保存到"文革"前。

这部著作作为宗教界上层大活佛的传记,宗教色彩很浓,用浓重的笔墨来描述事件的缘分业果联系,内心观想修行成就的显现,未来发生事件的凶吉预兆等。但是作为一个人的传记,记述事件比较概括而完整,年代、地点清楚,事件和人物大都有据可查,可以作为可信的资料来利用。它的历史价值有人已经做了论述和评价,可以参阅。

本书属于蒙古人的藏文著述范围。作者阿旺伦智达杰精通藏语文,掌握了藏文写作技巧,具有较深厚的文学创作素养。他用高僧大德传记的体例安排文章结构,引经据典,穿插诗文,写出了这部传记。本次出版的蒙译本虽经翻译,但原作的风格,语言的优美以及字里行间显露出来作者较高的知识造诣和文学才华仍一目了然。

关于本书的作者,六世达赖喇嘛在他的一篇诗文里曾写了如下的话:

"白色睡莲的光辉, 照亮整个世界;
格萨尔莲花, 果实却悄悄成熟。
只有我鹦鹉哥哥, 做伴来到你的身边。"

著名藏学家和佛学家多识仁波切解释说这是第思·桑杰嘉措的化身阿旺伦智达杰出生在阿拉善时六世达赖喇嘛也将来到这里,一起弘扬佛法的预言。按照这个预言,本书作者阿旺伦智达杰是第思·桑杰嘉措所转世的化身。关于他一生经历的详情本人已写过一篇专论文章,把它作为本书的附录出版,读者从中可知其大致情况。

和本传记一同收入本书的六世达赖喇嘛诗文体的传记《传记礼赞颂加持之源》是根据上述传记概括地改写成诗文体的经文,便于在法会上诵读。内容方面两部著作没有大的出入。作者罗桑图布丹嘉措(1747～1807)是在阿拉善出生的六世达赖喇嘛的转世活佛,是镇国公贡其格的儿子,在阿拉善以温都尔葛根著称。他从小师从阿旺伦智达杰,学通显密经典,入藏受教法传承,并受达赖喇嘛、班禅额尔德尼所封的"伊拉固克散班迪达贡卓诺门罕"称号。又进京参加洞礼年班,受封"达格布呼图克图",成为内蒙古阿拉善第一个拥有呼图克图封号的活佛。第二世嘉木样协巴活佛久美旺波应他的劝请写了《地与道之说三乘丽饰》,在后记中称赞温都尔葛根为"北土所有众生之至尊导师贡卓诺门罕大宝"。温都尔葛根善于藏文诗歌、颂词的写作外还精于绘画艺术。他绘制的佛像,堪称佛教造像艺术精品。

1981年民族出版社和西藏人民出版社分别在北京和拉萨出版了藏文六世达赖喇嘛传《妙音天界琵琶音》。同时民族出版社在北京出版了庄晶的汉文选译本。次年西藏人民出版社在拉萨出版了《仓央嘉措及其情歌研究》一书,其中收录了庄晶的汉文选译本及其导言。本书是有关蒙古地区历史、佛教、文学、蒙藏文化关系等研究方面可以利用的资料。它的出版对阿拉善来说也是发掘、整理自己的文化遗产,使之公之于众的一种工作。

本版蒙古语译本的译者嘉木央丹沛尼玛大师于1925年出生在阿拉善,从小被选为达日科庙的夏仲活佛。年轻时在安多和西藏大寺院深入、系统地学习了以显密经典为主的佛法义理和以语文、量论为主的各科明处的学问。因此20世纪80年代在北京西黄寺建立藏语系高级佛学院时十世班禅大师亲自点名聘请他去当教授。因此现在蒙、藏地区的很多活佛都成了他的学生。他年迈体弱以后仍在他家乡自己寺院的一顶四季常住的蒙古包内坚持培养僧才、写作和翻译经文的工作,为忠实完成他利益圣教与众生的初发宏愿而殚精竭虑,耕耘不辍。他翻译和编写的作品中除了本书以外还有贡却坚参的《菩提顺道论》的蒙译本、巴丹吉兰庙的历史,十六罗汉在阿拉善做夏安居史,以及其他一些和阿拉善佛教、历史、文化、民俗有关的零散作品。

本人接到译者赠送给我的藏蒙对照《妙音天界琵琶音》时就开始打算把它正式出版,但读起来又觉得不进行一次认真的、较大的修改的话无法出版。其原因是过分拘泥于原作的词句,生硬的直译让人不知所云,有些语句不通顺等。特别是诗文的翻译也采取了一词对一词直译的办法,不仅给人在理解上造成了困难,而且每一行的词数也不相等,更缺乏诗歌的韵律和节奏。1998年我和译者见面时对他说明了我的修改意见,他表示完全同意,并提出要保留阿拉善的方言词语,这一点正合我意,我当然完全接受。我们两人这样商定以后我就从校改翻译开始着手工作。

我的所谓"校注"主要是以下几个方面的工作:一是把整个译文从头到尾再一次和南寺木刻版严格对勘,在忠实于原作,让现代读者容易理解,使词句尽量优美的三个原则下,对译作逐字逐句进行了修改;二是投入较大的精力,对诗文的翻译进行修改、重译或编译,使其有了诗歌的节拍和韵律,吟诵起来不至于感到别扭。这里为了保持藏文诗歌的特有韵律,有的诗歌的行首头一个词上有意安排一个节拍,读者可以品评;三是按照《翻译名义大集》,对有些名词或佛学术语的蒙古语译文进行了统一。但也视情况有的用更贴切的蒙古语进行了翻译,有的未用意译,而是直接用了藏语;四是为了有助于读者了解正文中出现的一些相关的佛学概念或词句,本人认为有必要的地方作了注解。

我在做上述工作的过程中,知道了原南寺木刻版本中存在着很多文字错误,同时知道了新出版的铅印版中也存在着相当多的错误。庄晶在汉译时躲开难译的地方,他认为不重要的地方也没有全翻译出来。而且我觉得有的地方的译文,离原文的意思距离过于大了一些。我们的这个蒙古语译本自然也没能达到无可挑剔的程度,请读者指正。

这里特别需要一记的是我代表我本人和译者对关怀并促成本书出版的内蒙古阿拉善左旗民族宗教局及其负责人僧格同志,提议把该书由藏文译成蒙古文的鲁布桑萨木坦和加木央洛丹以及誊稿人表示由衷的谢意。还需要记下在本书最后定稿的时候鲁布桑萨木坦把自己做过修改的蒙古语译本手写稿供我做参考。还必须向把原藏蒙对译本中的蒙古文部分誊写在稿纸上以备修改的吉日格勒同志,担当本书录入排版工作的乌云斯琴同志以及帮助我校对的那顺巴雅尔博士等一并表示衷心的感谢。

阿旺罗桑丹比坚参(贾拉森)

(1999 年阴历四月十五日于内蒙古大学)

六世达赖喇嘛仓央嘉措的心
传弟子阿旺伦智达杰生平

一

　　阿旺伦智达杰,又名阿旺多尔杰,是创建内蒙古阿拉善第一大寺广宗寺(南寺)的第一世第思·呼图克图喇嘛坦①,也是出生在阿拉善的第一位转世活佛,又是用藏文写作传记文学作品和佛教经文的第一位阿拉善蒙古族高僧。他出生在贵族家庭,因而有时也称他为托音达尔杰或拉尊班迪达。蒙古语"托音"和藏语"拉尊"含义相当,都是对贵族出身僧侣的称呼。由于他还受到七世达赖喇嘛授予

----

　　① 　喇嘛坦是阿拉善当地人对阿旺多尔杰的尊称,后来成为
　　　　葛根(活佛)名称。

的"阿日鲁克桑额尔德尼诺门罕"①封号,因此在文献中多
称他为达尔杰诺门罕。他以自己一生出色的佛教活动和
同王爷发生冲突而被关押致死的令人注目的历史事件,在
阿拉善佛教历史上占有重要地位。他所撰写的一部《仓
央嘉措传》作为全面记录六世达赖喇嘛仓央嘉措一生经
历的唯一的文字记载,很早以来就引起国内外学者的注
意。

关于他的生平,在有关历史文献中有零散的记载,比
较系统的传记至今没有发现。而有关他的零散记述,从未
有人去综合、整理。因此,难以了解他一生活动的概貌。
在阿拉善比较普遍了解的情况,都是一些口头流传下来的
宗教色彩很浓的一些传说。现在看来,那些传说大都是真
实可信的。传说提供给我们的是如下一些情况:

阿旺多尔杰生于今阿拉善左旗厢根达赖苏木②匝布斯
日乌素(地名)的台吉班杂尔加布家中。二岁时名为达格
布夏仲阿旺曲扎嘉措③,实为六世达赖喇嘛罗桑仁钦仓央
嘉措来到了他家,听见他啼哭声,便认出是第思·桑结嘉
措的声音,确认他是被拉藏汗杀害的第思·桑结嘉措所转
生的孩童。

等他长大后六世达赖喇嘛收为弟子,为他受戒赐法
号,教他学经,又送他去西藏深造。阿旺多尔杰从西藏学

---

① 蒙古语,意为"清净大宝法王"。

② 过去的巴嘎和公社。

③ 六世达赖喇嘛逃难时给自己起的名。

成回来时,已成了精通藏语文和掌握了渊博佛教知识的高僧。阿拉善历史上的第一个转世活佛就这样产生了。阿旺多尔杰后来在仓央嘉措生前选定的地方创建了广宗寺(南寺),在那里修建了六世达赖喇嘛肉身灵塔,开创了南寺的法会习俗和学经制度。

有关他同王爷的矛盾有以下传说:阿拉善当时的旗扎萨克王爷罗卜藏道尔吉奉旨前去新疆平定叛乱时将自己的生命安全托付给阿旺多尔杰。阿旺多尔杰给了他写有白伞盖佛母咒语的护身符,并答应为他祷告三宝,保证他平安归来。同时向罗王提了一个要求:新疆有一喇嘛寺院参与叛乱,在平叛中肯定会被夷为平地。阿旺多尔杰提出,在那个寺院供奉的宗喀巴大师的法衣(袈裟)是很有加持力的稀世珍宝,求王爷务必把它带回来给他,罗王满口答应。凯旋的罗王确实带来了宗喀巴的法衣,但他却不念阿旺多尔杰替他祷告三宝,保佑其平安的恩德,而把法衣给了离开南寺去另建寺院的自己的儿子多卜仓夏仲。对此阿很气愤,散布过对罗王爷不满的言论,这样就开始产生了阿旺多尔杰和罗卜藏道尔吉之间的隔阂。

此后罗王一直怀疑这个去过几次西藏,出生于自己亲族中,而且在全旗僧俗百姓中声望日益提高的活佛,是不是也想炮制一个政教合一的统治机构来取代自己,并暗中探听阿旺多尔杰的活动。后来听说阿旺多尔杰在闭关念经,便更加怀疑。此时罗王听到一名妇人说她看见了阿旺多尔杰在王府东侧高处埋下一个东西,他料定阿旺多尔杰闭关念的是旨在夺取自己政权的咒经。有人推波助澜,火上浇油地说如果阿旺多尔杰的经万一念成的话如何得了。罗王唯恐念经成功，匆忙下令把阿旺多尔杰抓起来。当时派人去南寺抓阿旺多尔杰时他心中好像有所犹豫，因此嘱咐派去的人，如果寺里的僧人无论大小，只要有一人出来求情，你们就不要抓他们的喇嘛坦（指阿旺多尔杰）。但他们去南寺抓人时不见一个僧人出来求情，就把阿旺多尔杰带到旗衙门里。当时当南寺僧官[①]的大巴嘎西（师傅）夏仲把僧人们都集中到经堂里念经，一个人都不准外出。据说当日拉藏汗阴魂附体于僧官身上，报昔日第思与他争斗之仇。大巴嘎西夏仲恢复神志以后，全然不知道当天所发生的事情。知道了自己的所为以后悔恨莫及，知道自己修炼浅薄而被阴魂利用，就开始刻苦修持金刚大威德独雄本尊，后来得到了大成就云。

　　把阿旺多尔杰抓来后囚禁在现在叫作格扔布楞的地方有一所小房内。附近有一姓段的蒙古人家，他们经常给阿旺多尔杰送去饮食，照料生活。阿旺多尔杰为段家人做了美好的预言，在那里作了一首叫《轮回》的蒙古语歌，歌词中唱道"六道轮回，犹如风旋。善恶报应，决非变迁。慈悲虔诚，洪福基源。横逆暴虐，罪孽必缠。""人身难得，何敢狂欢。生死衰疾，四海无限。祈求保佑，虔心永坚。"等等。他后来就在那里离地面几尺高的地方悬空打坐圆寂。旗衙门派去探听阿旺多尔杰死活的人，见此情景，便一脚

---

① 即格斯贵。

踢倒阿的遗体后骑马赶回衙门报信。走到定远营(今巴彦浩特)城门时,马突然受惊,把人摔于马下,那人的头被撞在石头上,当即死去,脑浆迸溅到城门的门洞顶部。一直到中华人民共和国成立后拆除那个城门时,尚见其拱形顶部有黑色斑点,传为那人的血迹所留。据传,阿旺多尔杰圆寂后罗卜藏道尔吉下令把他的遗体(一说首级)埋于城门之下①,还不准寻找其转世灵童。但罗王不久便死去,由阿旺多尔杰主持选认的仓央嘉措的转世活佛,生于阿拉善镇国公家的伊拉古克桑班迪达、贡卓诺门汗、达格布呼图克图罗桑图丹嘉措即温都尔葛根的多方力争下才得到安葬阿旺多尔杰的遗体和寻访阿旺多尔杰转世灵童的准许。

温都尔葛根②对罗王的所作所为非常不满,随班禅额尔德尼进京后愤然出走,去了外蒙古,拒绝回阿拉善,从此连年(据说九年)干旱,滴水不下。出于无奈,旗府派人去请温都尔葛根回旗里。温都尔葛根以寻访阿旺多尔杰转世灵童和从城门下迁出安葬阿旺多尔杰的遗体两件事作为条件,被应允后回到旗里,于是阿拉善的旱情才得以缓解。

阿旺多尔杰圆寂后不久六世班禅巴丹益希取道阿拉善赴北京参加庆贺乾隆七十寿辰活动。传说当时请他莅

---

① 直到拆除城门为止僧俗信众进出定远营城门时都靠墙行走,不走中间。

② 即罗桑图丹嘉措。

临王府①，未被应允。他在应当地人的请求而作的《阿拉善神熏香祭文》中提到佛、菩萨、行空母、本尊、护法而故意漏掉应列在句首的"上师喇嘛"，暗示阿拉善没有了上师，表示了对迫害佛教大德行为的不悦②。班禅大师还预言罗王死后将转生于恶趣道云。

上面是一些有关阿旺多尔杰生平的口头传说。最近笔者在阅读有关历史文献时发现了一些有关阿旺多尔杰的零散记载。把它们整理出来，可以补充民间传说的不足，使阿旺多尔杰这个人物的生平轮廓进一步清晰，还可以从那些记载中得知某些事件发生的确切年代。

二

载有阿旺多尔杰有关记述的文献有：章嘉·若贝多杰著《七世达赖喇嘛传》，全称《天人导师、诸佛之王、遍知遍见、持金刚罗桑噶桑嘉措贝桑布传略如意宝穗》（以下简称《如意宝穗》），藏文本和蒲文成汉译本均由西藏人民出版社出版；嘉木央·久麦旺波著《六世班禅洛桑巴丹益希传》，全称《至尊上师，有寂顶饰、遍知班禅洛桑巴丹益希传旭日之光》（以下简称《旭日之光》），许得存等汉译本，由西藏人民出版社出版；土观·洛桑却吉尼玛著《章嘉国师

---

① 今巴彦浩特镇。
② 该经文僧侣们至今念诵着。

190

若必多吉传》,全称《遍主金刚菩萨,具吉祥上师意希丹贝准美贝桑布传具善教法严饰》(以下简称《教法严饰》),藏文本由甘肃民族出版社出版,陈庆英汉译本由民族出版社出版;智观巴·贡却乎丹巴绕吉著《安多政教史》,全称《详论多麦地区佛陀圣教发展史海》(以下简称《史海》),藏文本由甘肃人民出版社出版,吴均等汉译本由甘肃民族出版社出版;还有阿旺多尔杰本人所作的六世达赖喇嘛传,全称《一切知阿旺曲扎嘉措吉祥贤传记殊异圣行妙音天界琵琶音》(以下简称《仓央嘉措传》),藏文和庄晶的汉文摘译均收人民出版社出版的《仓央嘉措情歌及秘传》。

我们根据上述文献和其他一些资料中的记载,对阿旺多尔杰的有些活动,按年代作一记述。

需要说明的是读者会发现本文中转写蒙古语和藏语人名地名所用的汉字很不一致,这是由于史料引自各种文献所致。笔者没有做统一工作,读者只注意它们的读音就可以了。

阿旺多尔杰生于清康熙五十四年,第十三胜生木羊(乙未)年,公元 1715 年。这个年份是根据他本人所作的《仓央嘉措传》中的当仓央嘉措火猴(丙申)年来到他家时"笔者年方两岁"[1]的记载推算出来的,可以相信这个年份是准确的。在这以后的近二十年是个空白,找不到有关他的记载。这期间发生的事,我想不外乎仓央嘉措确认他为

---

① 藏文本,124 页;汉文本,84 页。

第思的转世,并收他做自己的徒弟,为他受戒,教他经文。在温都尔葛根所作的仓央嘉措的《传记礼赞颂》记载:

> "古有缘分大弟子,
> 至尊阿旺您见之,
> 明示第思所化身,
> 预言无误我顶礼。"

这一段①所说的就是这件事。这也是阿旺多尔杰的各代转世被称为第思·桑结嘉措的转世化身的由来。笔者认为阿旺多尔杰从幼年转入青年的过程,就是他在家乡的寺院学经的过程。这期间他可能还跟随仓央嘉措去过安多一些地方。

1735 年仓央嘉措派阿旺多尔杰去西藏求学深造②。阿旺多尔杰和随从们于 12 月抵达拉萨并拜谒了七世达赖喇嘛。据《如意宝穗》记载"额驸王③之侄拉尊托颜达吉和引经师等自阿拉善至,献大批财物谒见喇嘛。"④次年即1736 年正月传召法会期间,阿旺多尔杰请七世达赖喇嘛到祈愿法会上献礼⑤。4 月后的某一时间达赖喇嘛"向托颜

---

① 南寺木刻版。
② 《仓央嘉措传》,藏文本,182 页;汉文本,103 页。
③ 指阿沃,是阿拉善第二代旗王,曾娶公主,故称额驸。
④ 《如意宝穗》,藏文本,363 页;汉文本,196 页。
⑤ 《如意宝穗》,藏文本,366 页;汉文本,197 页。

达吉诸同伴送别"①,这是指阿旺多尔杰的随从们回阿拉善,而他本人继续留在西藏学经。到1738年,七世达赖又一次"为额驸王之侄拉尊托颜达吉之人员赐佛像等赏物,授兜率上师瑜伽母(此汉译文有错)经文传承。"②可以肯定这些人是从阿拉善来接阿旺多尔杰回去的。阿旺多尔杰在西藏学习了三年,精通了藏语文并学到很多佛教知识,受了一些灌顶,随许等密法后带着仓央嘉措嘱他置办的很多佛像、经卷、法器、法衣等物,于马年(即1738年)回到了阿拉善。仓央嘉措非常高兴,于是在土羊年(1739年)正月在阿拉善设立了传召法会的习俗③。

1739年9月以后的某一时间,阿拉善所派的达尔罕寨桑到西藏给七世达赖喇嘛献上额驸王之子贝子公保去世之回向礼和阿旺多尔杰的祈寿礼,七世达赖喇嘛回函赠礼④。

1740年他根据仓央嘉措的指示修建了玛扬寺(也写作马营寺)。据《史海》记载,"玛扬寺扎喜曲林根据前一世衮卓活佛的指示,由阿拉善人曲结龙珠达杰于乾隆皇上御极五年时修建。"⑤这里所说的前一世衮卓活佛是指仓央嘉措。因为衮卓活佛一般指温都尔葛根,其前辈就是六世

---

① 《如意宝穗》,藏文本,380页;汉文本,204页。

② 《如意宝穗》,藏文本,460页;汉文本,243页。

③ 《仓央嘉措传》,藏文本,184页;汉文本,104页。

④ 《如意宝穗》,藏文本,502－505页;汉文本,262－263页。

⑤ 该书藏文本,111页;汉文本,111页。

达赖喇嘛了。《史海》中的这个记载和《仓央嘉措传》有些出入。原来是阿旺多尔杰派人去修建的事，这里成了自己去修建的事。《仓央嘉措传》中则说"玛扬寺是由我派瓦萨却杰阿旺伦珠去建的"①，该寺在今青海省乐都县境内②。

此后几年的活动也没有文字记载，想必这几年中他侍奉于仓央嘉措左右，跟随他往返于阿拉善和甘肃青海藏区之间，致力于佛教活动。

1746 年仓央嘉措在阿拉善圆寂，阿旺多尔杰一直服侍在病榻前，圆寂后办理后事，安置遗体。然后他按仓央嘉措的生前嘱托，再度赴藏，大办善事。在一个著者不明的蒙古文《第六世达赖喇嘛来到阿拉善的历史》中说"上师喇嘛坦在三十二岁时亲赴西藏，向达赖喇嘛、班禅博格多以及乃穹护法献上祈寿礼，祷告圣者灵童早日转世，并请求明示，向三大寺和传召法会大放布施 …… "③。1746 年阿旺多尔杰正好三十二虚岁。年底七世达赖喇嘛"闭关结束后，接见来自阿拉善的巨大信仰者拉尊托颜达吉主仆。"

1747 年正月传召法会期间他请达赖喇嘛到法会上献礼④。这次他请达赖喇嘛写作《五字文修行遍明智施》和《坛场仪轨文殊喜悦教言》两篇经文。他还请求七世达赖喇嘛授给他大悲佛海观世音灌顶，达赖喇嘛应他的要求，

① 藏文本，178 页；汉文本，101 页，汉译文是否正确，读者斟酌。
② 《甘青藏传佛教寺院》，青海人民出版社，64 页。
③ 内蒙古社科院图书馆藏手抄本。
④ 《如意宝穗》，藏文本，648 页；汉文本，328 页。

用三天时间,向他和"却藏活佛、第穆活佛等诸活佛,三大
寺及上下密院善知识等共计一千五百僧"授给了佛海灌
顶①。之后阿旺多尔杰接受了七世达赖喇嘛的册封。据
《如意宝穗》记载"因托颜达吉忠于佛教,敬信喇嘛,向彼
授'阿里路克散额尔德尼诺门汗'的名号和诏书,赐佛像灵
物,全套堪布器具等赏物,对众侍从亦按地位赐赏。"②这是
人们称他为诺门汗(法王)的来历,也是传说他当过朗杰札
仓堪布的明证。这个事情是意味深长的,七世达赖喇嘛似
乎默认了阿旺多尔杰为第思的转世,同时也默认了在阿拉
善的六世达赖喇嘛是真实的。阿旺多尔杰在《仓央嘉措
传》中写道:"尊者圆寂之后,我到西藏去完成尊者的遗愿,
曾对佛王③禀奏了建立格鲁舞的打算。佛王说:'我也有意
在朗杰札仓建立格鲁舞,遍访擅格鲁舞法的人,但是直跑
到阿里也没有访到 ……'④。上述记载都证明他同七世达
赖喇嘛的关系很是密切的了。有资料说他这次拜普居强
巴仁波且等大德为师,学习显密各部大论,取得拉然巴格
西学位⑤。在《仓央嘉措传》中也有笔者(指阿旺多尔杰)
和强巴活佛谈话的记载。这年的四月阿旺多尔杰谒见了

① 《如意宝穗》,藏文本,662 页;汉文本,332 页。

② 藏文本,666 页;汉文本,334 页。

③ 指七世达赖喇嘛。

④ 藏文本,64 页;汉文本,57 页。

⑤ 多识《与仓央嘉措后半生有关的若干问题之明辨》,
《西藏研究》,藏文版,1989 年,第三期,18 页。

六世班禅额尔德尼。《旭日之光》中说"二十五日,大师为阿拉善托云伦珠达杰主仆三十多人摩顶赐茶。托云主仆献礼祝寿。"①此后他可能在西藏住了两三年。

此后,1750 年、1752 年、1755 年、1756 年阿旺多尔杰五次派人去向七世达赖喇嘛送信请安。1750 年七世达赖喇嘛应阿旺多尔杰的请求写了《往生净土愿词》,为阿旺多尔杰的母亲和妹妹写了护佑愿词,并为阿旺多尔杰呈上的诗歌体信札复了同样诗歌体的信。这个复信载于《如意宝穗》上②。1755 年阿旺多尔杰派去请安的人叫阿旺鄂色。1756 年初,七世达赖喇嘛"应阿里路克散额尔德尼诺们汗托音达吉来信之请,撰赐聚僧法轮修供法,并回答彼有关时轮护轮和灌顶方面的问题,为使者赐礼送别。"③这里应注意的是阿旺多尔杰去信向达赖喇嘛请教聚僧法轮修供法这件事。1756 年南寺已破土动工,阿旺多尔杰正在紧张地组织建寺有关的事务,聚僧轮是寺院所不可缺少的东西。传说南寺大经堂的屋脊宝瓶中放有聚僧轮,它很可能是阿旺多尔杰按七世达赖喇嘛传授的方法修供的聚僧法轮。同年九月阿旺多尔济派去的使者然坚巴·阿旺丹达又一次谒见七世达赖喇嘛,献上信札、礼物,主要是请求为阿旺多尔杰的亡妹策凌旺摩超度亡魂④。

---

①　汉文本,59 页。

②　《如意宝穗》,藏文本,748 页;汉文本中未译出。

③　《如意宝穗》,藏文本,970 页;汉文本,462 页。

④　《如意宝穗》,藏文本,1008 页;汉文本,480 页。

1757年是一个很重要的年份。年初，七世达赖喇嘛圆寂，阿旺多尔杰"献大批方物"①。最主要的是南寺已建成，这年举行了大开光，并把仓央嘉措的转世灵童温都尔葛根请到南寺坐床，这些事情无疑是在阿旺多尔杰的主持下进行的。这年他在新建的南寺——潘代嘉措林寺写完了《仓央嘉措传》。据他本人的记载"尊者之卑末弟子，边荒鄙夫，释迦僧，阿日鲁克桑额尔德尼诺门汗阿旺伦珠达尔吉，别名拉尊阿旺多尔济于火牛年秋季第三月之天降节，出乐顶饰之轮盈满之时分，写于和甲纳朗日山脉相承之所，本尊胜乐轮之宫，无比释迦能仁足莲安立之地，圣十六罗汉尊者做夏安居之处，观音化身居士达日玛达喇的生地，由花香扑鼻的沉香木所装饰的阿拉善之潘代嘉措林寺，缮写员是作者本人。"②

在这以后的四五年时间里，阿旺多尔杰的活动不太清楚，没有找到有关记载。我想这几年他的活动理应围绕刚建立的南寺的完善，包括房物的盖建，必用器具的备置，法会、学经制度的设立等方面进行，并需要写作一些经文，教温都尔葛根学经。正因为忙碌于这些事，他无暇出远门，和一些身后留下传记的佛教大德们也没有发生频繁的往来，因而也就不可能留下有关记载。

1760年（庚辰）乾隆帝为南寺授匾，其上御书"广宗

---

① 《如意宝穗》，藏文本，1066页；汉文本，505页。

② 藏文本，224页；汉文本，112页，译文不全。

寺"三个字。据章嘉·若必多吉撰写的南寺寺规[①]中说：
"按我等导师铁猴年诞生的说法推算，导师将色身收入法
界后二千六百三十六年，第十三胜生叫作自在的火牛年，
新建了潘代嘉措林，即文殊大皇帝赐名为广宗寺的大聚僧
寺院……"。这寺规中又出现了如下有关阿旺多尔济的
记载："这个为阿拉善地方的潘代嘉措林寺的僧侣们制定
的章程《三学昌盛日光》，是应学识渊博，具有弘扬佛陀教
法的坚定信念者，阿日鲁克桑托音诺门罕的郑重劝请"，
"由游方僧章嘉若必多吉所撰，缮写员是手持明海串珠的
乌珠穆沁大喇嘛固什阿旺丹培。"由于该寺规没有说明写
作年代，我们无法知道阿旺多尔杰请求章嘉活佛写作该寺
规的具体年代，只能推知应是皇上赐寺名的 1760 年以后
的某一年。

过几年之后他活动的记载出现在《教法严饰》中。章
嘉国师于 1763 年向皇帝请假，回安多故里，为其父奔丧，
次年回京，来往都经过了蒙古地方。这期间"阿拉善的拉
尊诺门汗伦珠达尔吉对章嘉国师极其崇拜，成为他的主要
弟子。这一次他跟随章嘉国师去到安多，竭尽全力地服
侍，得到国师的器重。"[②]

1765 年在承德"来自阿拉善的托颜诺门罕伦珠达尔
吉请求章嘉国师讲授'密集五次第灯论'，当时由于繁忙，

---

① 写在黄缎子上，盖有"灌顶普善广慈大国师印"大方印的
这个寺规现在珍藏于南寺。
② 藏文本，483 页；汉文本，294 页。

时间有限,只把'五次第完备'教诫传授给诺门罕和我们①
几个学经人。"②以后三年活动的文字记载尚未找到。

　　1769年夏天阿旺多尔杰去五台山,谒见章嘉活佛,并
同章嘉、嘉木样等活佛们一起为普乐院的佛堂举行了开光
仪式③。由于汉译文中出现了错译,我们有必要把那段错
译处摘录出来进行更正。"在普乐院的佛堂进行祝赞时,
安多的嘉木样活佛和阿拉善的托音诺门汗等人也到这里。
在章嘉国师和嘉木样活佛的主持下,托音诺门汗等众多僧
人为吉祥金刚畏怖像举行了盛大的开光仪式。"藏文原意
并非为金刚畏怖像进行开光,而是以金刚畏怖本尊的名
义④,为普乐院的佛堂进行开光。在举行某些宗教仪式时
总是以某某本尊的名义进行的。类似的错译在《教法严
饰》的汉译本中还出现了几处,比如在377页上说"在阿拉
善创建了多阳寺等供养几种续部仪规坛场的寺院,著有关
于幻轮,铁堡伏魔法和烧施等多种作品的拉尊诺门汗阿旺
伦(珠)达吉又名阿旺道尔吉"。笔者想弄清这"多阳寺"
在哪里? 指哪一个寺院,费了好大工夫也未能弄清,最后
找到藏文本对照一看,才知道那是一个佛名"金刚虚空

---

① 　指作者和土观活佛等。
② 　藏文本,486页;汉文本,296页。
③ 　《教法严饰》,藏文本,527页;汉文本,320页。
④ 　名义这个词也许不够准确。

母"①。这里把佛名和寺名相混了②。我还发现该书的上半部里把好几处引自宗喀巴大师关于学习、修持、体验方面的诗歌体自传《敦列玛》里的语句当成了引自章嘉国师自传的语句。

下面进入正题。关于阿旺多尔杰于1769年在五台山举行开光是笔者所找到的他的活动的最晚的一次记载，这个时间离他圆寂至少有十年。这个期间他的活动情况我们不得而知了。

至于他圆寂的年份，有几种说法。在已故阿拉善文人道尔吉僧格所写的一份资料中说于乾隆五十一年（丙午，1786年）七十二岁时逝世③。这个说法有明显的错误。1780年六世班禅额尔德尼经阿拉善赴京时阿旺多尔杰已圆寂于囚牢中的说法是可信的，我们没有理由怀疑它。否则班禅额尔德尼作的《阿拉善神熏香祭》中漏掉"喇嘛"二字如何解释？详细记载班禅东行情况的《旭日之光》中只出现罗王、达波活佛（即温都尔葛根）而不出现托音诺门罕更是难以理解了。据该书记载1780年三月二十二日罗卜藏道尔吉去阿拉善边界迎接班禅额尔德尼，并由他负责途中所用一切，二十三日到营盘水，依次走到豁约豁多（今孪井滩）。其间二十四日侍从三百人先行去南寺种痘，二十八日随行的嘉木样活佛去了南寺，这是嘉木样活佛时隔十

---

① 藏语简称ཚོར་དབྱངས"多阳"。

② 参见《教法严饰》，藏文本，725页。

③ 《阿拉善语》（增刊），总17期，58页。

来年后第二次来南寺。他是从南寺返回安多的。四月一日由南寺、延福寺等的六百名僧人仪仗队迎接班禅额尔德尼到鄂伦豁托,那里达波活佛设宴招待。班禅额尔德尼给南寺僧茶费白银五十两,哈达四百条,佛塔三尊,供品多件,马十匹,并为南寺为期一个月的尊胜陀罗尼仪轨法会每日施僧茶五次,为达波活佛回赠。该书记载中出现了温都尔葛根的母亲、弟弟和罗王的儿子以及其他无关紧要的人的名字,就是没有出现阿旺多尔杰这个在藏区颇有名声的阿日鲁克桑额尔德尼诺门罕,这证明此时他已经不在人世了[①]。这和班杂尔加布的后裔罗永寿老人所提供的"诺门罕喇嘛坦66岁时圆寂"的说法也是吻合的。

这里应注意的是从上述班禅传中得知当时在南寺正在举行着一个月的尊胜母陀罗尼仪轨法会。这证明当时阿旺多尔杰已圆寂不久。慑于王爷的压力,无法举行示寂回向仪式,就举行了尊胜母仪轨。尊胜佛母是长寿三佛之一,世俗人看来供修该佛是一种为活着的人祈寿的法事,罗王当然不会起疑心。直到中华人民共和国成立后,南寺每年三月二十五日举行尊胜佛母千供仪轨来纪念阿旺多尔杰忌辰。这个习俗很可能是从那时候传下来的。阿旺多尔杰圆寂的日期是1780年农历三月二十五日。第五世喇嘛坦在他作的《至尊佛王仓央嘉措之上师瑜伽文——加持甘露金妙瓶》的后记中写道"此作写于阿旺多尔杰圆寂

---

① 参见《旭日之光》,汉文版,427－430页。

之角宿月第五圆满日。"根据历算知识推算,指的就是 3 月
25 日。

三

另外还找到了几条年代不详的记载。在七世达赖喇
嘛所作的《世尊具吉祥时轮身语意圆满坛城成就法凯珠教
言》的后记中写道"此作是为应拉尊阿旺伦珠达尔吉 ……
为其地方设立札仓念诵之需要而提出之劝请 …… 释迦比
丘僧罗桑噶桑嘉措于天成无量圣宫布达拉所撰,缮写员是
达尔罕旗比丘僧噶桑云丹。"①这个蒙藏地区寺院普遍念诵
的重要的时轮金刚修持、供养仪轨经文原来是七世达赖喇
嘛应阿旺多尔杰的要求所作,说明两人关系非同一般。

《教法严饰》中说,章嘉国师"确实对嘉木央协巴活
佛、拉尊诺门罕伦珠达杰、扎萨克喇嘛格列南喀等说过:
'我可能是玛尔巴译师转世,此事不可对别人讲起。'"②这
说明阿旺多尔杰和章嘉活佛的关系也非常亲近。

在《史海》中的一段记载,不但和阿旺多尔杰有关,还
涉及阿拉善北寺多卜仓活佛。《史海》中说多卜仓班玛丹
桑的一个儿子曾经是甘肃天祝石门旧寺的僧人,人称多卜
仓喇嘛,他的转世索南昂秀生于当云,因此人称当云夏仲,

① 据塔尔寺时轮僧院日旦洛赛林木刻版末页。
② 藏文本,25 页;汉文本,22 页。

拜阿旺多尔杰等为师,造诣极深。"有一次在达尔杰诺们汗处听经,还未听完时,即行示寂。火葬时出现了许多天蓝和白色的舍利子。""当云活佛杰仲堪布转世的呼必勒罕生于阿拉善王府里。""修建了阿拉善寺院(指北寺无疑)。"说他还当过石门寺堪布二三年①。从这个记载里我们还可以知道北寺多卜仓活佛的来历。这同有关多卜仓夏仲的前身来阿拉善圆寂后转世为罗王之子的传说②是吻合的,也弄清了他来阿拉善是为了向阿旺多尔杰听经的。

阿旺多尔杰著有佛教经文多种,有木刻本,也有手抄本,正如土观却吉尼玛所说"著有多种作品"。《仓央嘉措传》中说仓央嘉措圆寂后他赶写了化身早日转世祈祷词和祈愿文《洛卓衮桑玛》两篇经文③。后者僧侣们至今仍念诵着。当然他的最主要的著述是《仓央嘉措传》,它是阿拉善蒙古人用藏文写的篇幅最长的一部著作,按南寺木刻版共有128页(正背两面合为一页)。而阿拉善作品比较多的阿旺丹达尔最长的著作52页,第五世迭斯尔德呼图克图最长的著作60页。

从以上有关阿旺多尔杰活动的文献记载来看,他是一个虔诚的佛教徒,同时也是一位积极进行佛教活动的活佛。他对当时的藏传佛教的传播和发展,尤其对阿拉善地区佛教事业的发展起了重要的作用和影响。他结识了当

---

① 藏文本,132 – 133 页;汉文本,129 – 130 页。

② 《巴音松布尔》,阿拉善左旗语委杂志,1982.1, 21 页。

③ 藏文本,206 页。

时最出名的上层活佛们,在藏区有了一定的知名度。像他在藏文史料中留下活动记载的蒙古地区活佛还是少见的。他具备了渊博的佛学知识,精于显密教法,堪称佛教大德。说他谋夺王位,实在是冤枉他了。就算因寺院利益同罗王爷发生过冲突,但没有他进行推翻罗王爷的政治活动的记载和传说。阿旺多尔杰被迫害事件是当时的迷信很盛行的情况下,由疑神疑鬼的罗卜藏道尔吉制造的一个荒唐的冤案。

有的藏学家说阿旺多尔杰是个有政治野心的喇嘛,为私利制造假达赖而丢了脑袋。这无疑是随口而出的猜测之言,没有什么凭据。阿旺多尔杰被谋害是六世达赖喇嘛圆寂三十余年以后发生的事情,显然两者没有任何关系。在他的家乡,度过他一生的阿拉善却没有这样的记载和传说。对当地享有盛誉的历史文化名人和佛教高僧,用诋毁的语言扣政治帽子,不仅有失评价的公允和做学文的严谨,而且用词也极不谨慎。

在阿拉善近来有人撰文评介阿旺多尔杰的生平活动,发表了一些文章。但它们的主要不足在于年代不清或相互矛盾,缺乏史实根据,几乎可以说还没有超越搜集整理民间传说的高度。希望这篇拙文对此能起到抛砖引玉的作用。

原载《内蒙古社会科学》(蒙古文),1994 年,第 1 期
　　《西藏研究》(藏文),1995 年,第 1 期
　　《西北民族研究》(汉文),1999 年,第 1 期

贾拉森仁波切简介:

《六世达赖喇嘛仓央嘉措的心传弟子阿旺伦智达杰生平》的作者是第思呼图克图第六世,广宗寺寺主阿旺洛桑丹比坚参活佛(简称贾拉森活佛)。生于阴历一九四五年十二月十三日(阳历 1946 年 1 月 15 日),祖籍甘肃省天祝藏族自治县。父亲巴麦才仁,母亲云吉德。年幼时被十世班禅确认为阿拉善广宗寺第六世第思呼图克图转世灵童。1 岁半时,迎请至阿拉善认第五世第思呼图克图侄子侄媳为养父母。5 虚岁坐床学经。

1955 年在塔尔寺学经,并向米纳活佛受沙弥戒和密宗灌顶,赐法号阿旺洛桑丹比坚参。

1973 年考入内蒙古大学蒙古语言文学系,1976 年毕业后回阿拉善工作两年。

1978 年考入内蒙古大学蒙古语文研究所研究生班,1981 年毕业后留在内蒙古大学蒙古语文研究所任教。

1983 年 10 月至 1985 年 3 月在日本东京外国语大学进修。回来后带研究生。

1999 年增列为博士研究生导师。培养出十几名博士研究生。

他多次出国加拿大、英国、蒙古国、日本等国家学习,研究。

他曾多次受到过奖赏,有《国家级教育成果奖》《内蒙古自治区有突出贡献专家奖》等等。

他的专业方面的论文有 40 多篇,在这里不一一记述。

主要研究方向是,蒙古语文研究、蒙藏语言学文献关系研究、八思巴文研究等等。佛教方面的书籍有:整理、校译《六世达赖喇嘛仓央嘉措传两种》(蒙文)一书,论文集《缘起南寺》(汉文)和专著《甘露滴一,二,三》(蒙文),译著《热·多杰扎巴译师传》(蒙文)和《米拉日巴传》(蒙文)等作品。

他参加过内蒙古地区的洞阔尔活佛、乌兰活佛的认定工作。多次邀请到寺庙里带领开光念经,并负责任地发表开幕祝词。

他曾担任过内蒙古大学蒙古语文研究所副所长,第7、8、9届内蒙古自治区政协委员,第10、11、12届全国政协委员,中国佛教协会副会长,内蒙古自治区佛教协会会长,内蒙古自治区佛教学校校长等很多职务。

博士生导师,广宗寺寺主,第六世第思呼图克图阿旺洛桑丹比坚参(贾拉森)于癸巳年三月十九日(阳历2013.4.28)辰时圆寂,享年68岁。舍利在广宗寺和达尔吉林寺、嘉荣寺等地造塔供养。

有关阿旺多尔杰(阿旺伦智达杰)的第二世至第六世记载,请于《缘起南寺》一书中参阅。

附三：

六世达赖喇嘛仓央嘉措生平事迹年表

1683 年	水猪年三月一日(阳历 3 月 28 日)六世达赖喇嘛仓央嘉措诞生于西藏门隅纳拉沃宇松地区(今错那县境内),父扎西丹增,母才昂拉姆。
1697 年	火牛年九月十七日(阳历 10 月 31 日)第五世班禅额尔德尼罗桑益西为六世达赖喇嘛剃度授出家戒,赐法名一切知罗桑仁钦仓央嘉措。同年十月二十五日(阳历 12 月 8 日)六世达赖喇嘛在布达拉宫什西彭措大殿坐床。并以众高僧大德为师学修显密经典,接受显密教法传承。1700 年铁龙年六世达赖喇嘛任命第一世嘉木样协巴活佛阿旺宗哲为哲蚌寺郭芒札仓的堪布。
1701 年	铁蛇年拉藏汗等蒙古部落首领质疑六世达赖喇嘛仓央嘉措身份,不承认他是第六世达赖喇嘛。
1703 年	水羊年清朝因受拉藏汗的禀报,康熙派钦差去查验六世达赖喇嘛法体真假。
1705 年	木鸡年六世达赖喇嘛仓央嘉措 23 岁。第思与拉藏汗的斗争日趋激烈,这年第思被暗杀。
1706 年	火狗年秋六世达赖喇嘛被解往内地北京。

六世达赖喇嘛仓央嘉措生平事迹年表(续)

1707 年	火猪年六世达赖喇嘛行至青海湖畔的更嘎瑙时他只身一人遁去,化名为阿旺曲札嘉措,并开始了他云游四方,朝佛修行的流浪生活。
1708 年	土鼠年七月份六世达赖喇嘛抵达擦瓦绒的地方。那时康区正流行天花,不幸染上天花。
1709 年	土牛年四月六世达赖喇嘛经噶玛日返回西藏,秘密先到色拉寺后山上闭关一个月。
1710 年	铁虎年六世达赖喇嘛去朝观了杂日神山,跟噶举派喇嘛认真苦修了几个月。
1711 年	铁兔年七月六世达赖喇嘛到达桑丹林寺,不久拉藏汗发现,立即派人追捕,软禁在奥喀达孜宗山顶。围困 15 日后,押送拉萨的途中逃脱,又往工布地区走去,在工布认识了罗嘉。
1712 年	水龙年六世达赖喇嘛行走到了尼泊尔的噶玛荣大城市(即今首都加德满都),同年十月初四随尼泊尔国王去印度朝圣,朝拜了夏让喀肖宝塔等圣地。
1713 年	水蛇年四月十五日六世达赖喇嘛经灵鹫山圣地,朝拜宝座后到达布拉哈日寺修习 6 个月。
1714 年	木马年六世达赖喇嘛往返时途经尼泊尔的聂拉木、定日等地和西藏的门域、工布,又走到了大宝寺的大宝札仓中隐姓埋名地逗留了很长时间,从那时期起称呼为《大宝喇嘛》。

六世达赖喇嘛仓央嘉措生平事迹年表（续）

1715 年	木羊年冬六世达赖喇嘛化装成乞丐再次返藏，去了哲蚌寺正遇到十一月初二的敬神节，降神者手执宝剑直奔仓央嘉措面前时，他向护法瞪了一眼，于是跳起法舞离开，众人没有发现。
1716 年	火猴年春六世达赖喇嘛从拉萨罗嘉等十七人秘密出发，秋季到达青海。在西宁和广惠寺逗留时日后，又从西宁带领随从十余人直赴阿拉善。同年十月十二日（阳历 11 月 25 日）来到了阿拉善的班杂尔嘉布台吉家。
1717 年	火鸡年仓央嘉措在阿拉善班杂尔加布台吉家过年，并这年确认了班杂尔嘉布台吉家二岁幼子（作者）为第思·桑杰嘉措转世灵童。也通过作者父亲结识了阿拉善阿沃王，二月时驾临阿沃王府做客，七月初和阿沃王妃同去北京。
1718 年	土狗年春六世达赖喇嘛随阿沃王妃一同从北京回到阿拉善，在阿拉善驻锡两年。
1719 年	土猪年六世达赖喇嘛 37 岁这年找到了现在的广宗寺所在地，决定在此建寺弘法。
1720 年	铁鼠年五月，六世达赖喇嘛前往青海广惠寺，十一月回到阿拉善。
1721 年	铁牛年五月六世达赖喇嘛先去广惠寺，然后八月初三日在嘉荣寺（汉称石门寺）担任堪布。十月返回阿拉善。

六世达赖喇嘛仓央嘉措生平事迹年表(续)

1723 年	水兔年广惠寺和佑宁寺为主的很多大小寺院,均遭到中原军队的焚烧。夏季六世达赖喇嘛接到喀尔喀哲布尊丹巴活佛的亲笔信。
1724 年	木龙年四月初六世达赖喇嘛和阿沃王一同前往喀尔喀,到达大库列(今蒙古国首都乌兰巴托市)大昭寺亦向哲布尊丹巴活佛的灵塔举行千供和祭奠法事。这年全体阿拉善人迁到青海居住,此地生活 9 年之久。
1727 年	火羊年六世达赖喇嘛亲自主持重建嘉荣寺的工程。数年后乾隆皇帝在位八年时寺院全部建成(1743 年)。
1730 年	铁狗年六世达赖喇嘛在兰州,为岳将军征准噶尔大军祝祷,作法七日。
1734 年	木虎年六世达赖喇嘛撰著《白莲妙树寺志》,《阿拉善神祭供》等作品。六世达赖喇嘛在青海的 9 年内担任过 13 座寺院的堪布。
1735 年	木兔年六世达赖喇嘛派阿旺伦智达杰赴藏学经。
1736 年	火龙年应准格尔的那木嘉乐多杰白斯之邀,驾赴鄂尔多斯扎西切林寺院,当时,寺院的僧众约有三千人。
1737 年	作者阿旺伦智达杰从西藏学经回阿拉善。
1739 年	土羊年六世达赖喇嘛在潘代嘉措林寺创立了如同拉萨一般的祈愿传召大法会,主持法会五昼夜,直到现在依然如故。

六世达赖喇嘛仓央嘉措生平事迹年表(续)

1741 年	铁鸡年,六世达赖喇嘛以额尔克切杰为首的众多施主敦请,前往鄂尔多斯传授了所需佛事。
1743 年	水猪年六世达赖喇嘛 61 岁本年。寺院为了六世达赖喇嘛祈祷长寿住世,做了大量的佛事活动外,对 130 多所寺院供养了斋茶,25 座禅院赐予了供佛基金等。这年嘉荣寺建成,共花了 16 年。
1745 年	牛年六世达赖喇嘛前往安多,驾临各个寺院后,同年十月二十日回到阿拉善,不久十月二十六日起身体有些欠佳。
1746 年	火虎年五月初八(阳历 6 月 26 日)六世达赖喇嘛仓央嘉措圆寂于今内蒙古阿拉善左旗门吉林寺(汉称承庆寺)附近,享年 64 岁。
1747 年	火兔年六世达赖喇嘛肉身被移到潘代嘉措林寺①立塔供奉。
1751 年	铁羊年六世达赖喇嘛仓央嘉措转世灵童罗桑图丹嘉措被迎请至潘代嘉措林(昭化寺)寺坐床。
1757 年	火牛年六世达赖喇嘛弟子阿旺伦智达杰建成新寺院即各庙宇,把潘代嘉措林(今广宗寺)寺全盘迁来新的寺址,并建造了六世达赖喇嘛仓央嘉措肉身灵塔及其殿堂。
1758 年	六世达赖喇嘛弟子阿旺伦智达杰写完《六世达赖喇嘛仓央嘉措传》。

① 今址在于阿拉善召化寺。

六世达赖喇嘛仓央嘉措生平事迹年表(续)

1966 年	火马年 8 月六世达赖喇嘛仓央嘉措遗体遭红卫兵的焚烧,查封寺庙,驱赶僧人,大量佛像、佛经被破坏及焚烧。
1981 年	铁鸡年相隔十五年后广宗寺(南寺)的僧众自发地来到成废墟的寺址上重新修建起寺院。
1999 年	土兔年阿拉善达日克庙夏仲嘉木样丹沛尼玛把《六世达赖喇嘛仓央嘉措传》翻译成蒙古文,贾拉森活佛校注一书由内蒙古人民出版社出版。
2001 年	铁蛇年六月二十五日(阳历 8 月 14 日)六世达赖喇嘛灵塔最后重新装藏完毕①,二十六日隆重举行开光仪式、会供轮和千供仪轨。

阿旺罗桑丹比坚参(贾拉森) 整理

---

① 1966 年,当时有一位叫桑杰的南寺僧人把烧成灰的六世达赖喇嘛遗体装起来藏到山洞里,在数十年后打开一看数不完的舍利出现在眼前。

后　记

　　由于广宗寺悠久的历史宗教文化传承的影响,在内蒙古佛教界的地位,以及仓央嘉措这位人物的魅力,关注广宗寺的人越来越多,群众要求我们提供介绍广宗寺历史和研究广宗寺的相关读物。遵照贾拉森仁波切圆寂前的遗愿和嘱托,出版《仓央嘉措传》一书的任务就落在我们的身上。所以我跟译者罗桑嘉措很有缘分的见了面,探讨出书的事,以争取他的同意和支持。因为译者翻译的这本书当年印数数量不多,而现在基本找不到了。所以本书的整理者和阿娜尔同志从头到尾抄了下来,又校对几遍后交给出版社。

　　因为这本《仓央嘉措传》跟广宗寺的历史背景有直接关联,为了方便广大读者阅读,书的后段附录了广宗寺寺主贾拉森仁波切编写的三篇作品。一是蒙古文《六世达赖喇嘛传两种》一书的序言,二是比较详细的编写作者阿旺伦智达杰的生平简历,三是《六世达赖喇嘛仓央嘉措生平事迹年表》。

　　由于本人能力有限,书中很可能有这样那样的问题和缺点,希望广大读者提出宝贵意见,以便的再版时修改。

对本书的出版给予方便的内蒙古人民出版社编辑部主任王世喜在选题申报、文稿审理和设计师们的辛勤劳动,这里表示由衷的谢意。还特别感谢大译师罗桑嘉措的无私崇高的劳动促进了本书的出版。以及关注、支持本书出版的弟子麻泉和其他所有朋友、施主以及印刷一线上辛勤劳动的人们表示衷心的感谢!

祝大家心身安康,事业有成。

整理者:吉日格勒

2014 年阴历九月二十二吉祥日